みやぎ防災ガイド

2023

安全・安心の確保に努力 自助と共助も必要不可欠

2…「宮城県災害年表」から 過去を見据え、未来の防災対策を　4…村井嘉浩知事 ごあいさつ

6…3.11の記憶と教訓を伝える 宮城の防災・減災学習施設

12…教えて! おりはらアドバイザー&防災まさむねくん
　　いざという時の備えQ&A

16…地震のメカニズム 正しい知識が身を守るすべに

18…日頃から想定しよう 場所別避難マニュアル

20…緊急地震速報/緊急警報放送

21…住宅の耐震診断 耐震補強

22…ブロック塀倒壊は"人災"です
　　宮城県沖地震を契機に対策強化

24…津波のメカニズム 「水の壁」から逃れよう!

26…津波から身を守ろう より早く、高く、遠くへ

28…11月5日は「津波防災の日」「世界津波の日」

30…風雨災害のメカニズム
　　地球温暖化で威力増す　被害がより深刻に

32…気象の変化に注意を 川の氾濫、崖崩れに注意

34…備えの一助として有効活用 Lアラート

35…避難に関わる簡潔かつ重要なサイン 避難情報

36…マイ・タイムライン&防災メモ

37…学ぼう宮城の活火山

39…宮城県の防災・減災施策

全35市町村の防災・減災施策

49…仙台エリア
　　仙台市

62…PICK UP 雨に強いまちづくり 雨水排水施設を整備

63…石巻エリア
　　石巻市／東松島市／女川町

71…気仙沼エリア
　　気仙沼市／南三陸町

75…名亘エリア
　　名取市／岩沼市／亘理町／山元町

82…PICK UP 震災伝承施設をネットワーク化 災害への学びと備えを普及

83…県南エリア
　　白石市／角田市／蔵王町／七ヶ宿町／大河原町／村田町／柴田町／川崎町／丸森町

95…仙塩エリア
　　塩竈市／多賀城市／松島町／七ヶ浜町／利府町

103…黒川エリア
　　富谷市／大和町／大郷町／大衡村

109…県北エリア
　　大崎市／美里町／涌谷町／加美町／色麻町／栗原市／登米市

非常時持出袋

「宮城県災害年表」から 過去を見据え、未来の防災対策を

海、山、川があり豊饒(ほうじょう)の大地が広がる宮城県は、その恵まれた自然環境のゆえに、時に大きな災害に見舞われてきた。やはり目に付くのが地震と、台風をはじめとする風雨災害。地震は揺れそのものの被害だけではなく、海が震源だと津波を伴うケースが多々あった。本ページでは1960(昭和35)年から2019(令和元)年までに県内に被害をもたらした災害から、特に甚大だったものをピックアップ。過去を見据え、未来の防災対策を考えていきたい。(「宮城県災害年表」から抜粋・要約)

※各項目の見出しは災害種別、発生年月日、名称の順。名称は気象庁、自治体、報道機関が名付け、一般に広く定着したものに限る
※地名、数字単位は原則として当時のもの、または原文のまま

地震・大津波　　　　　　　　　　　　　　1960.5.24　チリ地震津波

　地震波は発生後約20分で日本に到着したが、被害はなかった。津波は地震発生から約23時間を経て太平洋を横切り、翌24日早朝北海道から九州南部までの日本太平洋岸に襲来。災害救助法適用市町は石巻市、塩釜市、気仙沼市、七ヶ浜町、雄勝町、鳴瀬町、女川町、牡鹿町、志津川町、唐桑町、歌津町。最大波高は24日午前5～6時の間に起こった。牡鹿町大谷川で5.65㍍観測。死者41人、行方不明者12人、負傷者625人。

大地震　　　　　　　　　　　　　　　　　1962.4.30　宮城県北部地震

　午前11時26分ごろ、東北地方、関東地方と中部地方の一部にかなりの地震を感じた。震源地は宮城県北部で震源の深さ10㌔、最大震度6を記録した。田尻町、小牛田町、若柳町、金成町、迫町、米山町、南方村が災害救助法の適用を受けた。死者3人、負傷者376人。

地震　　　　　　　　　　　　　　　　　　1968.5.16　十勝沖地震

　午前9時49分ごろ北海道から東北地方にかけて強い地震があり、有感範囲は近畿地方の一部にも達する広範囲に及んだ。震源地は十勝沖で震源の深さ20㌔、マグニチュード7.9を記録。午前10時5分に津波警報が発表された。幸い干潮で陸上への津波の被害は軽微だったが、浅海漁業施設は甚大な被害を受けた。死者1人、重傷者1人。

大雨　　　　　　　　　　　　　　　1972.9.16～17　台風20号

　13日に沖の鳥島の南方400㌔の海上で、弱い熱帯低気圧から台風になった。上陸後、中心気圧は980㍊と多少弱まり、17日の日中、東北地方の日本海沿岸を北上した。この台風による雨は15、16日の合計雨量で奥羽山脈沿いと岩手県南東部で多くなっていて100～150㍉、所により300㍉に達した。県内では栗駒山の306㍉が最も多かった。死者2人。

大雨　　　　　　　　　　　　　　　　　　　　1974.9.24

　秋雨前線上を進んだ南岸低気圧により県中南部では豪雨となり、亘理170㍉、坂元169㍉、仙台129㍉を記録。この大雨により仙台で3人、宮城町で2人、大郷町で1人の犠牲者を出した。軽傷者2人。

大地震　　　　　　　　　　　　　　　　　1978.6.12　宮城県沖地震

　県内全域に甚大な被害発生。マグニチュード7.4で震源の深さ40㌔。仙台と石巻で震度5。ライフライン被害が住民生活に大きな影響を与えた。ブロック塀、石塀、門柱の倒壊による死者が多かった。仙台市、泉市、迫町、米山町、小牛田町、鳴瀬町で災害救助法適用。死者27人、負傷者1万962人。

豪雨・洪水　　　　　　　　　　　　　　1986.8.4～5　8.5豪雨

　茨城県沖で台風10号から変わった温帯低気圧は太平洋沿岸をゆっくり北上し、県内平野部を中心に豪雨となり、阿武隈川および吉田川の破堤をはじめとする中小河川の氾濫や土砂崩れにより各地で被害が発生した。災害救助法適用は仙台市、塩釜市、名取市、角田市、多賀城市、岩沼市、柴田町、丸森町、亘理町、松島町、鹿島台町。死者5人、負傷者12人。

大雨・洪水　　　　　　　　　　　　1990.9.19～22　台風19号

　四国の南海上にあった台風19号が北東に進んできたため、県内では19日午後から雨が降り出し、20日未明には県中央部で局地的豪雨に見舞われた。仙台市、塩釜市、多賀城市などで住家の浸水被害が発生したほか、公共土木施設、農林水産業施設、商工被害などが生じた。塩釜市と多賀城市が災害救助法適用。多賀城市に自衛隊災害派遣(救助ボート)が行われた。死者1人、軽傷者10人。

地　震　　　　　　　　　　　　　　　　　　　　1996.8.11

　県北部で午前3時12分にマグニチュード5.9、午前8時10分に同5.7の地震が発生。鳴子町鬼首地区を中心に人的、住家の半壊等の被害が出た。重傷者1人、軽傷者3人。

大雨・洪水　　　　　　　　　　　　　　　　2002.7.10〜11　台風6号

　宮城県の東海上を北上した台風6号により、県内では死者1人、軽傷者3人。雄勝町で10日午前0時から11日午前11時まで257㍉の雨量を観測した。

大 地 震　　　　　　　　　　　　　　　　　2003.5.26　三陸南地震

　午後6時24分ごろ、宮城県沖を震源とするマグニチュード7.0の地震により、県内全域で大きな揺れを感じ、人的・住家などをはじめ大きな被害が発生した。重傷者10人、軽傷者54人。

大 地 震　　　　　　　　　　　　　2003.7.26　宮城県北部連続地震

　県北部を震源とする震度6弱以上の大きな地震が1日に3回発生し、県内で人的、住家などをはじめ甚大な被害が発生した。最大マグニチュードは午前7時13分ごろに発生した本震の6.4。重傷者51人、軽傷者624人。

大地震・津波注意　　　　　　　　　　　2005.8.16　8.16宮城地震

　午前11時46分ごろ宮城県沖を震源とするマグニチュード7.2の地震により、県内全域で人的、住家などをはじめ甚大な被害が発生した。最大震度は川崎町の6弱。午前11時54分には津波注意報が発令され、志津川漁港で40㌢を観測した。重傷者7人、軽傷者72人。

大雨・洪水　　　　　　　　　　　　　　　　　　　　2006.10.6

　低気圧の影響により県内全域に大雨・洪水警報発表。死者9人、行方不明者8人、軽傷者2人。

大 地 震　　　　　　　　　　　　　2008.6.14　岩手・宮城内陸地震

　岩手県内陸南部を震源とするマグニチュード7.2の地震が発生。栗原市で震度6強、大崎市で震度6弱を観測した。栗原市内で甚大な被害。県内全域でも被害を受けた。死者14人、行方不明者4人、重傷者54人、軽傷者311人。

大地震・大津波　　　　　2011.3.11　東日本大震災（東北地方太平洋沖地震）

　三陸沖（牡鹿半島の東約130㌔）が震源で、震源の深さは24㌔。マグニチュード9.0、栗原市で最大震度7を記録した。日本太平洋岸の広範囲にわたり津波が襲来。特に県内では石巻市鮎川で8.6㍍以上を観測した。県内の死者（関連死含む）1万569人、行方不明者1215人、重傷者502人、軽傷者3615人。住家・非住家被害も深刻で全壊8万3005棟、半壊15万5130棟、一部損壊22万4202棟、床下浸水7796棟、非住家被害2万6796棟を数えた（2022年4月30日現在）。

大　雨　　　　　　　　　　　　　　　　　　2011.9.20　台風15号

　非常に強い台風15号の影響により、県内全域で大雨となり各地で被害が発生した。死者2人、軽傷者3人、全壊3棟、半壊202棟、一部損壊8棟、床上浸水647棟、床下浸水2307棟、非住家被害は公共建物15棟、その他29棟。

大雨・強風　　　　　　　　　　　　　　　　　　　　2012.4.3

　発達した低気圧から延びた寒冷前線の影響により、県内各地で大雨、強風となり被害が発生した。死者1人、重傷者6人、軽傷者15人、半壊2棟、一部損壊443棟。

地　震　　　　　　　　　　　　　　　　　　　　　　2013.8.4

　午後0時28分ごろ、宮城県沖を震源とするマグニチュード6.0の地震が発生。県内で最大震度5強を観測し、各地で被害が発生した。軽傷者4人。

大　雨　　　　　　　　　　　　　　　2015.9.11　関東・東北豪雨

　県内で大雨などによる被害が発生した。死者2人、重傷者1人、軽傷者2人、全壊2棟、半壊578棟、一部損壊308棟、床上浸水140棟、床下浸水728棟、非住家被害2棟。

大雨・洪水　　　　　　　　　　　　　　2019.10.11〜13　東日本台風

　宮城県では台風の北上により、東北南部に停滞していた前線の活動が活発化。その後台風の接近・通過に伴い、非常に激しく局地的に猛烈な雨となった。県内各市町村には大雨特別警報が発表された。河川の氾濫や堤防の決壊などが相次ぎ、県内の人的被害は16市町で死者（関連死含む）・行方不明者22人、負傷者43人、住家被害は34市町村で1万9777棟、非住家被害は6市町で94棟を数えた。特に丸森町は県内で最も甚大な被害となり、死者（同）・行方不明者合わせて12人、全壊・半壊は1000棟を超えた（2020年9月30日現在。2019年10月25日低気圧の被害含む）。

安全・安心の確保に努力
自助と共助も必要不可欠

ごあいさつ

　未曽有の被害をもたらした東日本大震災の発生から11年が経過しました。

　これまで県では、被災した市町村や国、関係機関と力を合わせて復旧・復興を進め、インフラの復旧やまちづくりなどのハード面については、多くの被災地で事業が完了しました。

　一方で、被災した方々の心のケアや地域コミュニティの再生・形成といったソフト面については、地域ごとに抱えている課題がさまざまであることから中長期的な取り組みが必要となっています。引き続き、一人ひとりに寄り添ったきめ細かな支援を継続してまいります。

　近年は大規模な災害が全国で相次いで発生しており、令和元年10月に発生した「令和元年東日本台風」では、県内でも内陸部を中心に甚大な被害が発生しました。その後も震度5以上を観測する地震や大雨による水害がたびたび発生しています。大規模な災害の発生時には、行政による必要な支援が期待できない状況が生じることもあります。自分自身や家族の生命と財産を守るためには、県民一人ひとりの「自助」と地域の協力による「共助」が必要不可欠です。

　県民の皆様には、防災への各種取り組みに積極的に参加していただきますとともに、本県が目指す、世代を超えて安全で信頼のある強くしなやかな県土づくりに向けた取り組みに御理解と御協力を賜りますようお願いいたします。

宮城県知事　村井 嘉浩

宮城の
防災・減災
学習施設

いざという時の
備えQ&A

3.11の記憶と教訓を伝える
宮城の防災・減災学習施設

東日本大震災の発生から10年以上。戦後最大規模の自然災害を伝える場として、また防災・減災の意識を高める場として、宮城県内の沿岸部を中心に防災・減災学習施設が設けられている。2022年4月に公開が始まった石巻市震災遺構門脇小学校は、沿岸部の自治体が整備する最後の震災遺構だ。

▶少人数の授業で使用する教室。地震の発生時は使われていなかったため、そのまま机が並んでいる

▲新設した通路から津波と火災被害に遭った教室を見学できる

▼エントランスすぐに被災した消防団の車両と公用車を展示している

石巻市震災遺構 門脇小学校

津波と火災に襲われた 小学校の校舎を公開

　石巻湾に注ぐ旧北上川河口部にある石巻市南浜・門脇地区は、東日本大震災で大津波が襲来して火災が発生。門脇小をはじめ、文化施設や住宅、店、車などが津波や火災に見舞われた。地震発生後、校内にいた児童や教職員は学校裏手の日和山に避難して一命を取り止めたが、住民ら500人以上が犠牲になった。

　震災から10年以上。石巻南浜津波復興祈念公園が整備されるなど様変わりした同地区で、門脇小の校舎は津波と火災の爪痕を残す唯一の建物。震災の被害と教訓を伝えるため、2022年4月に震災遺構として一般公開が始まった。

　焼け落ちた天井や天井材、木材部分が燃えた机や椅子、黒板跡が残る壁、津波火災で溶けた窓枠やガラスなどが保存され、通路から見学できる。被災者の体験談や当時の映像の紹介、被災車両や仮設住宅の展示などもある。「石巻平野と巨大津波」をはじめ自然災害の記録も公開している。

Data

石巻市門脇町4-3-15
開／9:00～17:00(最終入館16:00)
休／月曜(祝日の場合は開館、翌日休み)、12月29日～1月3日
　　※毎月11日、6月12日、9月1日、11月5日は特別開館。特別開館日が月曜の場合、翌日休み
入館料／大人600円、高校生300円、小・中学生200円
TEL0225-98-8630
https://www.city.ishinomaki.lg.jp/ruins/index.html

▲石巻市内の被害状況をパネルで解説

▶体験者の記憶を言葉と絵で表現し、震災の教訓を訴える

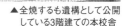

▲全焼するも遺構として公開している3階建ての本校舎

7

❶見学通路から被災状況を間近に見ることができる
❷寒さと余震に耐えながら児童らが一夜を明かした屋根裏倉庫
❸2階展示室では被災前の校舎の模型、映像や地図などを公開
　している
❹校舎前に設けられた日時計モニュメント

山元町震災遺構
中浜小学校

　宮城県南部に残る唯一の被災建築物。東日本大震災当日、屋上に避難した児童や教職員、地域住民ら90人の命を津波から守り抜いた中浜小の校舎を、2020年9月から一般公開している。

　校舎は1989年に完成した2階建て。住民の意見を基に、津波や高潮への防災対策が事前に施された。中浜小は内陸にある坂元小と統合されて2013年に閉校。校舎は津波の痕跡をできる限り残したまま整備・保存され、内部に立ち入って見学ができる。

　津波の威力で天井がはがれ落ちた1階、震災前の町並みを再現したジオラマや証言をまとめた映像がある2階、震災時児童らが一夜を明かした屋根裏倉庫などを見学できる。時の流れを感じながら震災について考えてもらおうと「日時計モニュメント」なども整備されている。

写真提供／山元町教委

Data
山元町坂元字久根22-2
開／9:00〜16:30（最終入館16:00）
休／月曜（祝日の場合は開館、翌日休み）、12月28日〜1月4日、臨時休あり
　　※3月11日、9月1日、11月5日は開館
入館料／一般400円、高校生300円、小・中学生200円
　　※3月11日、9月1日、11月5日は無料
TEL0223-23-1171
https://www.town.yamamoto.miyagi.jp/soshiki/20/8051.html

学校防災の教訓 後世に継ぐ

石巻市震災遺構 大川小学校

　東日本大震災で大川小は北上川からあふれた大津波に飲み込まれ、児童74人と教職員10人が犠牲になった。学校管理下で戦後最悪とされる事故と震災の教訓を伝えるため、2021年7月から校舎などを一般公開している。犠牲者の慰霊・追悼の場でもある。

　校舎は津波で盛り上がった床、ねじり倒された渡り廊下など、被災当時の状況で残されている。被災したプールや屋内運動場、野外ステージとともに、柵越しに見学できる。展示施設「大川震災伝承館」には津波訴訟の記録のパネル、被災前の大川地区の町並みを再現した模型などを展示している。

❶校舎内部は展示室に設置しているパソコン端末で見ることができる
❷写真右にねじり倒された渡り廊下がそのまま残る
❸展示室と多目的スペースを備えた大川震災伝承館

Data
石巻市釜谷字韮島94
開／9:00～17:00(大川震災伝承館は最終入館16:30)
休／無休(大川震災伝承館は水曜※祝日の場合は開館、翌日休み。12月29日～1月3日)※毎月11日、6月12日、9月1日、11月5日は特別開館。特別開館日が水曜の場合、翌日休み
入場・入館料／無料
TEL0225-24-6315
https://www.city.ishinomaki.lg.jp/ruins/index.html

震災遺構
仙台市立荒浜小学校

　荒浜小の校舎には東日本大震災で高さ4.6㍍の津波が押し寄せた。屋上などに避難した児童や住民320人の命を守った校舎は、2017年4月から震災遺構として一般公開されている。

　1階では湾曲した黒板や破損した天井などから、津波の脅威を知ることができる。2階は床上40㌢まで浸水した跡や、天井には津波のしぶき跡が確認できる。14時46分の地震発生から、27時間後の避難者全員の救出までを、当時の学校関係者や住民などにインタビューしてまとめた映像を上映。震災後、仙台市が力を入れて取り組んでいる津波をはじめとした災害対策も紹介している。

津波被害の校舎とともに避難から救助までを記録

❶津波に飲み込まれた1階の教室の床や天井を当時のまま保存している
❷4階の展示室には震災前の荒浜地区を再現した模型などを設置している
❸間近で校舎を見ると窓の破損や手すりのゆがみなどを確認できる

Data
仙台市若林区荒浜字新堀端32-1
開／9:30～16:00(7・8月は17:00まで)
休／月曜、第4木曜(祝日は開館)、12月29日～1月4日
入館料／無料　TEL022-355-8517
https://arahama.sendai311-memorial.jp

❶ラーニングシアターは入れ替え制のため予約が確実
❷南三陸町産スギをふんだんに用いた建物は建築家の隈研吾が設計
❸町民の体験談をパネルと映像で伝える
❹写真家の浅田政志が町民と一緒に作り上げた作品集「みんなで南三陸」を展示

南三陸
311メモリアル

　南三陸町震災復興祈念公園そばに2022年10月に開設。「震災伝承ラーニング施設」を掲げ、被災した町民の証言や町の写真・映像などを通して災害を自分事として考えてもらう。

　ラーニングシアターでは「生死を分けた避難」「そのとき命が守れるか」といったコンテンツを、60分のレギュラーバージョンと30分のショートバージョンで上映。来観者に「もしそこに自分がいたなら、いったいどう行動するのか」を問いかける。町内の津波高を伝える地図、被害状況や復興の歩みを紹介する垂れ幕なども展示している。21年に急逝したフランスの現代美術家のクリスチャン・ボルタンスキーによるアート作品、写真家の浅田政志が撮影した写真も並ぶ。

　隣接する南三陸さんさん商店街とともに、道の駅さんさん南三陸の主要施設となっている。

写真提供／南三陸町観光協会

Data

南三陸町志津川字五日町200-1　道の駅さんさん南三陸内
開／9:00〜17:00
休／火曜、12月29日〜1月3日
入館料／レギュラープログラム（ショートプログラム）一般1000円（600円）、
　　　　高校生800円（500円）、小・中学生500円（300円）
問／南三陸町観光協会
　　TEL0226-47-2550
https://m311m.jp

東日本大震災の全容伝える

みやぎ東日本大震災津波伝承館

東日本大震災の津波により甚大な被害に見舞われた石巻市南浜町の住宅街跡に整備された石巻南浜津波復興祈念公園に、2021年6月開館した。

「被害」「津波」「地震」の3つのパネルで東日本大震災の被害の全体像を解説。被災者の証言、宮城県内の震災伝承施設、語り部活動を行う団体なども紹介し、津波から命を守る教訓を伝える。大型画面で12分間上映するシアター「くり返さないために」は実際の津波の映像とCGを織り交ぜ、被災者の証言とともに科学的な視点を踏まえて津波の恐ろしさ、逃げることの大切さを訴える。

❶屋根は傾斜があり最高6.9m。この地に停滞した津波と同じ高さだ
❷津波から命を守るために取るべき行動を考えさせられるシアター「くり返さないために」
❸展示「東日本大震災を知る」では「被害」「津波」「地震」に大別して震災の全体像を解説

Data
石巻市南浜町2-1-56　石巻南浜津波復興祈念公園内
開／9:00〜17:00(最終入館16:30)
休／月曜(祝日の場合は開館、翌日休み)、12月29日〜1月4日※毎月11日は開館
入館料／無料
TEL0225-98-8081
https://www.pref.miyagi.jp/soshiki/densho/miyagi-denshokan.html

---

名取市
震災復興伝承館

東日本大震災の津波で壊滅状態になった、名取川と貞山運河の合流地付近に2020年5月に開設された。震災の風化を防ぎ、防災意識を向上させる学習施設の役割を果たす。

展示スペースには写真とともに復興の歩みをまとめた「復興年表」、自然災害や防災について学べる体験学習コーナーなどがある。シアタールームでは名取市の震災の津波被害状況を写真パネルや映像で伝えている。震災前の閖上地区のジオラマも展示。名取市は震災後、川、海、運河の水辺空間を生かしたまちづくりに力を入れ、景観の移り変わりを確認できる。

Data
名取市閖上東1-1-1
開／9:30〜16:30(12〜3月10:00〜16:00)
休／火曜(祝日の場合は開館、翌日休み)、12月29日〜1月3日
入館料／無料
TEL022-393-6520
https://www.natori-denshoukan.jp

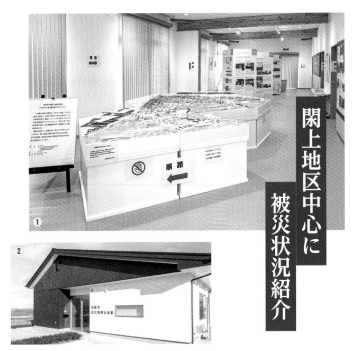

閖上地区中心に被災状況紹介

❶コミュニティースペースには震災前の閖上地区のジオラマなどを展示している
❷国土交通省の河川防災ステーションの敷地内にある
❸震災から復興に向かう閖上地区の姿が分かる「復興年表」

おりはらアドバイザー&
防災まさむねくん

いざという時の 備え Q&A

| 取材協力 | 仙台市防災・減災アドバイザー折腹久直さん 防災まさむねくん |

仙台市公式動画チャンネル「おりはらアドバイザーの3分間防災ちゃんねる」（P60に関連記事）で「いつでも、どこでも、手軽に学べる防災コンテンツ」を発信中

Q 非常持ち出し袋はなぜ必要？ 必要なものは避難所に そろっているのでは？

A 災害などで自宅から避難しなければならない緊急時、必要な物をすぐに持ち出せるようにまとめておくのが「非常持ち出し袋」。避難所の備蓄品は量に限りがあり、**なくてはならない必需品は一人一人違います**。自分や家族に何が必要なのか考え、玄関先などすぐに持ち出せる場所に設置しておくと安心です。現金や運転免許証、眼鏡、常備薬といった貴重品は、すぐにまとめられるように事前にリスト化しておくといいでしょう。

非常用持出袋

Q 非常持ち出し袋には どんなものを 入れればいい？

A 以下のリストを参考に、両手を自由に使うことのできるリュック型の背負うタイプのバッグに**1泊2日分程度**入れておきます。総重量は無理なく背負って歩ける程度に抑え、消費・賞味・使用期限をチェックしながら、**季節ごとに入れ替える**のがポイント。★は余裕があれば用意したいアイテムです。

❶ 食料など

- □ 食料
- □ 飲料水 （スポーツドリンク◎）
- □ ラップ
- ★ 割り箸、スプーン、フォーク
- ★ 紙またはプラスチック製の皿・コップ
- ★ 給水袋
- ★ アルミホイル

Check

避難所でも在宅避難中も重宝するのが**ラップ**。断水のときに食器にかぶせると食器を洗わずに再利用できる他、割れたガラスの応急処置用に、新聞紙と一緒に体に巻いて防寒具用に、けがの応急手当の包帯代わりに、マジックで書いて窓などに貼るメモにと、さまざまな用途に活用できます。

❷ 衛生用品・医療品 感染症対策

- □ 災害用トイレ（携帯トイレ）
- □ 歯ブラシ （歯磨きシート、マウスウォッシュ）
- □ ばんそうこう
- □ ガーゼ
- □ 傷口消毒液
- □ ポケットティッシュ
- □ ウェットティッシュ
- □ マスク
- □ 体温計
- □ せっけんまたはハンドソープ
- □ 手指消毒剤

- ★ ボディシート   ★ 水のいらないシャンプー
- ★ 綿棒   ★ テーピング（くっつく包帯）

❸衣類・寒暖対策品など季節品

- [ ] 替え下着（シャツ、パンツ、くつ下）
- [ ] タオル
- [ ] サンダル・スリッパ（折り畳みがお薦め）
- [ ] 保温性レジャーシート
- [ ] 保温アルミブランケット

- ★ 冬 使い捨てカイロ
- ★ 夏 扇子・うちわ
- ★ 夏 たたけば冷えるタイプの冷却材
- ★ 夏 熱中症対策用塩分タブレット
- ★ 夏 予備の飲料水

❹電気製品

- [ ] 携帯電話
- [ ] モバイルバッテリー・ケーブル（電池式またはソーラー式がお薦め）
- [ ] 予備電池
- ★ 携帯ラジオ（ライト付きがお薦め）
- ★ 懐中電灯

❺作業用など

- [ ] ホイッスル
- [ ] 多機能ナイフ（アーミーナイフ）
- [ ] ポリ袋
- ★ 軍手　　★ 雨具
- ★ 裁縫セット　★ ビニール袋

❻貴重品、個人・家族の状況によって必要なもの

- [ ] 現金
- [ ] 保険証
- [ ] 常備薬
- [ ] 眼鏡・コンタクトレンズ（＋洗浄液）
- [ ] 入れ歯（＋洗浄剤）
- [ ] 介護用品
- [ ] 生理用品
- [ ] おむつ
- [ ] おしりふき
- [ ] ミルク
- [ ] ほ乳瓶
- [ ] 離乳食
- [ ] アレルギー対応食

- [ ] 抱っこ（またはおんぶ）ひも
- [ ] 幼児用おもちゃ
- [ ] 母子健康手帳
- [ ] 障害者手帳
- [ ] 筆談用筆記用具
- [ ] パスポート
- [ ] 外国人登録証のコピー

Q 自宅外の災害に備えるには？

A 災害は自宅で起きるとは限りません。通勤や旅行先には**最低限の防災グッズを携行する**のが防災上級者。公共交通機関が止まってしまったときのために、職場や学校に地図や食料、飲料水、歯磨き、ボディシート、替え下着、運動靴、リュック、懐中電灯といった**徒歩帰宅や滞在の備え**をしておくのもお勧めです。

Q 在宅避難、ライフラインの停止に備える「備蓄」のこつは？

A 東日本大震災の教訓を踏まえ、仙台市では各家庭**1週間分の水と食料の備蓄**を呼び掛けています。中でもお薦めしたいのが「**ローリングストック（循環備蓄）**」という備蓄法。乾パンやアルファ米のような数年にわたって長期保存が利く従来の"非常食"は人によって口に合わなかったり、消費期限切れに気付かなかったりすることがあります。普段から食べている食品を栄養バランス良くバリエーション豊富に少し多めに買い置きし、消費・賞味期限の近いものから消費しながら足していくことで、無理なく常に一定量の備えができます。ラップやガスボンベ、ビニール袋、トイレットペーパー、電池、マスク、粉ミルク、おむつ、生理用品、ペットフードなど家族が日常的に使う必需品もストックしておくと安心です。

備蓄品は1カ所に収納しようとすると場所を取るため、冷蔵庫やリビング、寝室、子ども部屋など数カ所に分ける「**分散備蓄**」もお薦め。災害時、物が倒れてその部屋に入ることができなくなったり、部屋から出られなかったりといった緊急事態が起こったときのリスクも減らすことができます。落下の危険のある天袋のような高いところを避けて収納してください。

備蓄品の例と数量の目安（家族4人分）

災害に備えてやってみよう カセットコンロで炊飯体験

多くの家庭で意識しなくてもローリングストックされている食材が「米」。万一ガスや水道が止まってもカセットコンロとペットボトルの水を使って、おいしく炊くことができます。災害に備えて、試しに1回でもやってみておくと安心です。

01 米1合に水200ccが目安ですが、炊飯器で計って鍋に移し替えてもOK。30分程度水を米に吸わせます。

> お吸い物の素を加え炊き込みご飯にするのもお薦め

02 使用期限を確認してカセットボンベをセット。最初は5分くらい弱火でゆっくり水の温度を上げて強火にし、沸騰してチリチリ音が聞こえ始めたら弱火で10〜15分。火を消して10〜15分蒸らし、底の方からよくほぐしたら完成

> おこげもおいしいよ！

> カセットコンロを使った炊飯の手順は「おりはらアドバイザーの3分間防災ちゃんねる」vol.14「おいしいゴハン・カセットコンロで炊いてみるの巻」でも配信しています！

地震災害

16 ▶ 17	地震のメカニズム
18 ▶ 19	場所別避難マニュアル
20	緊急地震速報／緊急警報放送
21	住宅の耐震診断 耐震補強
22	ブロック塀倒壊は"人災"です

地震のメカニズム
正しい知識が身を守るすべに

日本で、なぜ発生が多いのか

プレート境界型地震の仕組み

地震はどうして起きるのか。地下の岩盤が周囲から押されることで、ある面を境にずれる現象が「地震」だ。この岩盤のずれが起きると地震波が周囲に伝わり、やがて地表に達すると揺れが生じる。世界中の地震の発生場所を見ると、細長く帯状に並んでいる。この帯がプレートとプレートの境界に相当する。世界は十数枚の主なプレートで隙間なく覆われ、それぞれのプレートは動いていて、その境界ではプレート同士が衝突したり、一方のプレートの下にもう一方のプレートが沈み込んだりしている。そのときにプレートにかかる力が原因となり、地震が発生する。プレートの中央部では、ほとんど地震が発生しない。

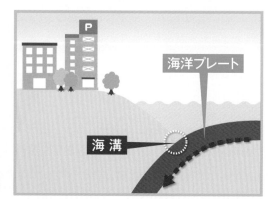

① 日本とその周辺では、海の「太平洋プレート」「フィリピン海プレート」が、陸の「北米プレート」「ユーラシアプレート」の方へ1年当たり数cmずつ動き、陸のプレートの下に沈み込んでいる。ゆえに複雑な力がかかり、世界有数の地震多発地帯となっている。

② 海のプレートが沈み込むとき、一緒に陸のプレートを地下へ引きずり込んでいく。かなりの年月をかけてゆがみが蓄積していく。一方でプレート内部に力が加わって起きる地震もある。沈降するプレート内の地震と、陸のプレートの浅い所で発生する地震がある。

③ 陸のプレートが引きずりに耐えられなくなり(ゆがみが限界に達し)、陸のプレートの先端部が跳ね上げられるようにして発生するのがプレート境界の地震だ(海溝型地震)。この地震の例としては2011年の東北地方太平洋沖地震(東日本大震災)が挙げられる。

震度と揺れ方

震度	揺れ方
0	○人は揺れを感じない
1	○屋内で静かにしている人の中には、揺れをわずかに感じる人がいる
2	○屋内で静かにしている人の大半が、揺れを感じる
3	○屋内にいる人のほとんどが、揺れを感じる
4	○ほとんどの人が驚く ○電灯などのつり下げ物は大きく揺れる ○座りの悪い置物が倒れることがある
5弱	○大半の人が恐怖を覚え、物につかまりたいと感じる ○棚にある食器類や本が落ちることがある ○固定していない家具が移動することがあり、不安定なものは倒れることがある
5強	○物につかまらないと歩くのが難しい ○棚にある食器類や本で落ちるものが多くなる ○固定していない家具が倒れることがある ○補強していないブロック塀が崩れることがある
6弱	○立っているのが困難になる ○固定していない家具の大半が移動し、倒れるものもある。ドアが開かなくなることがある ○壁タイルや窓ガラスが破損、落下することがある ○耐震性の低い木造建物は瓦が落下したり、建物が傾いたりすることがあり、倒れるものもある
6強	○はわないと動くことができない。飛ばされることもある ○固定していない家具のほとんどが移動し、倒れるものが多くなる ○耐震性の低い木造建物は傾いたり、倒れたりするものが多くなる ○大きな地割れが生じたり、大規模な地滑りや山の崩壊が発生したりすることがある
7	○耐震性の低い木造建物は傾いたり、倒れたりするものがさらに多くなる ○耐震性の高い木造建物でも、まれに傾く恐れがある ○耐震性の低い鉄筋コンクリート造りの建物では、倒れるものが多くなる

震度0

震度4

震度5強

震度7

震源、震度、マグニチュード

　地震が起きると速報、ニュースなどで必ず見聞きするのが「震源」「震度」「マグニチュード」の言葉だ。

　震源は岩盤のずれが始まった所をいい、まさに揺れの源だ。「震源域」はそのずれが地震波を周囲に発しながら広がり、最終的にずれ、破壊を生じた領域全体を指す。一般的に震源域はマグニチュード7で数十㌔程度、同8で100～200㌔程度、同9で500～1000㌔程度といわれる。

　震度は、ある地点での地震による揺れの強さを表す。これに対してマグニチュードは、地震そのものの大きさをいう。マグニチュードが小さくても、直下型地震のように震源の近くでは震度が高くなる。逆に大きくても、震源から遠い地点では震度は小さくなる。震度6弱以上の地震が予想される場合、特別警報に位置付けられる。

　マグニチュードは基本的に世界共通だ。しかし、国によっては計算式や地震観測網が違うため、それぞれ異なるマグニチュードの数値が計算され、結果的に新聞などで見る外国の地震のマグニチュードが、同じ地震のものなのに少し違っているケースがある。

　一方、震度の算出は国によって異なり、その国の建物の壊れやすさなどが基準となる。日本では0、1、2、3、4、5弱、5強、6弱、6強、7の10階級を採用し、震度計で観測する。

地震　津波　風雨災害　火山災害

日頃から想定しよう
場所別避難マニュアル

そのとき、あなたはどうする!?

屋内

一般住宅

自宅での基本的事項

丈夫な机やテーブルなどの下に潜り、机などの脚をしっかりと握ろう。また、頭を座布団などで保護し、揺れが収まるのを待とう。

◆突然大きな揺れに襲われたときは、まずは自分の身を安全に守れるように心掛ける
◆戸を開けて、出入り口を確保しよう
◆棚やその上に載せてある物、テレビなどが落ちたりするので、離れて揺れが収まるのを待とう
◆慌てて戸外に飛び出さないようにしよう

寝ているとき

揺れで目覚めたら寝具に潜り込むか、ベッドの下に入れる場合は入り、身の安全を確保しよう。

◆暗闇では割れた窓ガラス、または照明器具の破片でけがをしやすいので注意しよう
◆枕元には厚手の靴下やスリッパ、懐中電灯、携帯ラジオなどを置いておき、避難できる準備を整えておこう
◆寝室には倒れそうな物などを置かないようにし、頭上に物が落ちてこない所で寝よう

トイレ・風呂

揺れを感じたら、まずドアを開けて避難路を確保し、揺れが収まるのを待とう。

◆風呂場ではタイルや鏡、トイレでは水洗用タンクなどが落ちてくることがあるので注意しよう
◆入浴中は鏡やガラスの破損によるけがに注意しよう
◆浴槽の中では風呂のふたなどをかぶり、頭部を守ろう
◆揺れが収まるのを待って避難しよう

台所

まずはテーブルなどの下に身を伏せ、揺れが収まるのを待とう。

◆無理して火を消しに行くと、調理器具が落ちてきてやけどなどするので、揺れが収まるまで待とう
◆食器棚や冷蔵庫が倒れてくるだけでなく、中身が飛び出してくることもあるので注意しよう

◆こんろの近くの場合、調理器具が滑り落ちてくる場合がある。こんろの近くから離れ、揺れが収まったら落ち着いて火を消そう
◆揺れを感じて自動的にガスの供給を停止するガス漏れ遮断器（ガスマイコンメーター）が、ほとんどの家庭に設置されている。その特性や使い方を十分に理解しておこう

マンション

高層階では、地表より揺れが大きくなることがあるので注意しよう。

◆丈夫な机などの下に身を隠し、揺れが収まるのを待とう
◆高層階での地震は、揺れ始めは遅く、揺れ出すと長く揺れ、揺れ幅も大きくなる傾向がある
◆日頃から非常口を確認しておこう

職場

キャビネット、棚、ロッカー、コピー機などから離れ、頭部を守り、机の下に隠れるなど身を守ろう。

◆窓ガラスが割れることがあるので、窓際から離れよう
◆OA機器などの落下に注意しよう
◆日頃から整理整頓するなど、職場環境を良くしておこう
◆外へ逃げるときは落下物などに注意し、エレベーターは使わないようにしよう

スーパー・デパート

バッグや買い物かごなどで頭を保護し、ショーケースなど倒れやすい物から離れよう。

◆エレベーターホールや比較的商品の少ない場所、柱付近に身を寄せよう
◆ガラス製品や瀬戸物、陳列棚の商品などの落下・転倒に注意しよう
◆慌てて出口に殺到せず、係員の指示に従おう
◆エレベーターが動いていたとしても、エレベーターによる避難はしないようにしよう

学校

教室では机の下に潜って落下物などから身を守り、慌てて外に飛び出すなど勝手な行動はせず、教職員の指示に従おう。

◆廊下、運動場、体育館などでは中央部に集まってしゃがもう
◆実験室などでは薬品や火気に注意し、避難しよう
◆通学路が危険なこともあるので、勝手に帰宅しないようにしよう

屋外

住宅地

強い揺れに襲われると、住宅地の路上には落下物や倒壊物があふれる。

◆住宅地の路地にあるブロック塀や石塀は、強い揺れで倒れる危険がある。揺れを感じたら塀から離れよう

◆電柱や自動販売機も倒れてくることがあるので、そばから離れよう

◆屋根瓦や2階建て以上の住宅のベランダに置かれているエアコンの室外機、ガーデニング用のプランターなどが落下してくることがある。頭上も注意しよう

◆強い揺れが起きると、耐震性の低い住宅は倒壊する場合もある。そのがれきや窓ガラスが道路に散乱する可能性があるので、揺れを感じたら周辺の状況に注意しよう

オフィス街・繁華街

中高層ビルが立ち並ぶオフィス街や繁華街では、窓ガラスや外壁、看板などが落下してくる危険性がある。

◆オフィスビルの窓ガラスが割れて落下すると、時速40～60㌔で広範囲に拡散する。ビルの外壁や張られているタイル、外壁に取り付けられている看板などが剥がれ落ちることもある。かばんなどで頭を保護し、できるだけ建物から離れよう

◆繁華街では、オフィス街に少ない店の看板やネオンサインなどの落下・転倒物が加わる。強い揺れに襲われた際は十分注意しよう

海岸

海岸で強い揺れに襲われたら、一番恐ろしいのは津波。避難の指示を待たず、安全な高台や避難地を目指そう。

◆近くに高台がない場合は3階建て以上の建物を目指し、3階より上に上がろう

◆津波は繰り返し襲ってきて、第1波の後にさらに高い波が来ることもある。いったん波が引いても絶対に戻らない

◆避難標識が整備されている場合は避難する際の目安になる

◆海水浴中の場合、監視員やライフセーバーがいる海水浴場では指示に従って避難しよう

川べり

津波は川をさかのぼる。

◆流れに沿って上流側へ避難しても津波は追い掛けてくる。流れに対し、直角方向に素早く避難しよう

山・丘陵地

落石に注意し、急傾斜地など危険な場所から遠ざかろう。

◆登山やハイキングで山にいるときに強い揺れに襲われた場合は、まず落石から身を守ろう

◆地震で地盤が緩み、崩れやすくなっている可能性があるので、崖や急傾斜地など危険な場所には近づかないようにしよう

乗り物

車を運転中の場合

急ブレーキを踏むと予想外の事故を引き起こすことにつながる。

◆揺れを感じたら①急ブレーキは禁物。ハンドルをしっかり握り、前後の車に注意しながら徐々にスピードを落とし、道路の左側に停車する②エンジンを切り、揺れが収まるまで車外に出ず、カーラジオから情報を入手する③避難の必要がある場合は、車のキーを付けたままにし、ドアロックしないで窓を閉める④連絡先を見える所に書き、車検証などの貴重品を持ち、徒歩で避難する

◆車での避難は緊急自動車などの妨げになるのでやめよう

◆高速道路では一般道路を走行中の対処に加え、次の点にも留意する
　○高速走行しているのでハザードランプを点灯させ、前後の車に注意を喚起する
　○高速道路では約1㌔ごとに非常口が設置されている。そこから徒歩で道路外に脱出できる

鉄道

緊急停車に備え、けがをしないように姿勢を低くしたり、手すりやつり革をしっかり握ろう。

◆強い揺れを感知すると列車は緊急停車する

◆座席に座っている場合は、低い姿勢をとって頭部をかばんなどで保護し、立っている場合は手すりやつり革をしっかり握り、転倒しないようにしよう

地下鉄

路線・会社にもよるが、震度5弱程度の揺れを観測した場合に運転を停止。線路途中なら安全を確認し、低速で最寄り駅に向かう。

◆地下鉄の平均時速は路線・会社にもよるが40～50㌔程度

◆座席に座っている場合は、低い姿勢をとって頭部をかばんなどで保護し、立っている場合は手すりやつり革をしっかり握り、転倒しないようにしよう

◆停電になっても非常灯が1時間程度は点灯するので、慌てずに行動しよう

◆地下鉄によっては高圧電線が線路脇に設置されているので、勝手に線路に飛び降りると大変危険

バス

急ブレーキをかける場合がある。けがをしないように姿勢を低くしたり、手すりやつり革をしっかり握ったりする。

◆強い揺れを感じた場合、危険回避のため急ブレーキをかけることがある

◆座席に座っている場合は、低い姿勢をとって頭部をかばんなどで保護し、立っている場合は手すりやつり革をしっかり握り、転倒しないようにしよう

緊急地震速報／緊急警報放送

緊急地震速報

震度5弱以上の予想で発表

2007年10月1日に一般向けの発表が始まった緊急地震速報は、もはや私たちに欠かせない防災情報の一つとなった。しかし、どのような地震のときに、どのような仕組みで発表されるのか、よく知らない人も多いのでは。緊急地震速報の概要を紹介する。

一般向けの緊急地震速報は、2点以上の観測点で地震波が観測され、最大震度が5弱以上と予想された場合に発表される。震度5弱以上になると顕著な被害が生じ始め、事前に身構える必要があるので、このような発表基準となった。

速報の内容は、地震の発生時刻、発生場所（震源）の推定値、地震発生場所の震央地名、強い揺れ（震度5弱以上）が予想される地域と震度4が予想される地域など。ただし、猶予時間や予想震度別の発表は行わず、テレビやラ

ジオなど一般的には発生場所と震度4以上が予想される地域が示される。震度6弱以上の地震が予想される場合は「特別警報」に位置付けられる。

一般的な伝達手段はテレビ、ラジオのほか、携帯電話や防災行政無線などがある。テレビとラジオの場合は、特定の報知音とともに文字や音声が番組に重ねて放送される。NHKは全国一斉、民放は対象地域にのみ流れる。携帯電話は同報機能を用いて対象エリアにいるユーザーへ配信される。

速報は、どのような仕組みで発表されるのか。地震が起きると、震源からは揺れが地震波となって地面を伝わっていく。地震波にはP（Primary「最初の」）波とS（Secondary「2番目の」）波の2種がある。

P波はS波より伝播（ぱ）が速い。強い揺れによる被害をもたらすのは主に後から伝わってくるS波だ。このため、地震波の伝わる速度の差を利用し、先に伝わるP波を検知した段階でS波が伝わってくる前に速報を発表することが可能になる。

観測には、全国約690カ所の気象庁の地震計・震度計に加え、国立研究開発法人防災科学

技術研究所の地震観測網（全国約1000カ所）を利用している。多くの観測点のデータを活用することで、地震発生を素早く捉えられる。2点以上で観測する理由は、地震計のすぐ近くへの落雷などが原因による誤報を避けるためだ。

2018年3月22日からはPLUM（プラム）法を導入した緊急地震速報の発表も始まった。巨大地震が発生した際でも精度よく震度が求められる新しい予想手法で、震源や規模の推定は行わず、地震計で観測された揺れの強さから直接震度を予想する。

「予想地点の付近の地震計で強い揺れが観測されたら、その予想地点でも同様に強く揺れる」との考えに従った予想手法だ。予想してから揺れが来るまでの時間的猶予は短時間となるが、広い震源域を持つ巨大地震でも精度よく震度を予想できる。

気象庁の緊急地震速報では、従来の手法とPLUM法の両方での予想震度を比較（両方をハイブリッド）して、大きい方の予想を基に発表する。

緊急警報放送

対応受信機を自動的に起動

緊急地震速報と間違いやすいものとして、緊急警報放送がある。これに対応した受信機を自動的に起動させるシステムで、1985年から実施されている。その仕組みとは。

緊急警報放送は、放送波に特殊な信号を割り込ませることで警報音（ピロピロという音）を発し、通電待機状態（電源はつながっていてもスイッチがオフの状態）にあるテレビやラジオなどのスイッチを自動的にオンにさせ、災害の発生と情報をいち早く知らせるもの。

津波警報や大規模地震の警戒宣言が発表された場合など、人命や財産に重大な影響のある場合に限って行われる。NHKでは災害発生時に備え、全国の放送局を通じて定

期的に試験放送を行っている。

緊急警報放送の信号を認識する受信機が必要。もちろん普通の受信機でもスイッチがオンになっていれば（スイッチをオンにすれば）、信号が発せられた放送を視聴、聴取できる。

住宅の耐震診断 耐震補強

住まいの耐震対策

1981年以前に建築された建物は古い耐震基準なので、ぜひ耐震診断を受けよう。81年以降の建築でも建物のバランスが悪い、敷地の地盤が悪い、壁や基礎にひび割れがある場合は耐震診断を。市町村では診断を無料で行ったり、費用を補助したりする場合がある。

耐震補強を行う

主な補強方法として①打ち増しなど基礎部分の補強②構造用合板や筋交いなど壁面の補強③支柱など建物の外側からの補強④筋交いなどの補強⑤ベランダなど「はね出し部」の補強⑥屋根の軽量化⑦柱の増設⑧柱や梁(はり)などの交換、金具補強などがある。

補強も自治体によっては費用を補助してくれる場合がある。

家具・家電の転倒、落下防止

家具・家電製品の転倒や照明器具の落下なども、とても危険だ。ただし、これらのことは自分たちできちんと対策ができる。

テレビやパソコンを台に載せている場合は、金具や耐震シートなどで本体と台を固定し、台をL型金具などで桟や柱に固定を。つり下げ式の照明器具は複数のチェーンを使い数カ所を天井に止め、固定しよう。蛍光灯や電球は、割れても飛び散りにくい飛散防止の施されたものがいい。

家具の配置を工夫

家具などの配置を工夫するのも有効だ。寝室や子ども・高齢者の部屋、出入り口付近にはできるだけ背の高い家具は置かないように。就寝位置を家具から離したり、転倒しにくい側にしたりといった方法もある。重量のある家電製品は、できるだけ低い位置に置こう。

塀の撤去と補強

1978年の宮城県沖地震では、死者の大半がブロック塀の倒壊の犠牲となった。倒れた塀は道路をふさぎ、避難や救助・消火活動の妨げにもなる。ブロック塀にも設置基準があり、これを満たしていないものは大変危険。石塀は石と石を結んで補強するのが難しいので、十分な注意が必要だ。

ブロック塀や石塀などは専門家に強度の確認を受け、必要に応じて撤去するなど対策を。そのような塀を生け垣に変えることも有効だ。自治体によっては撤去などの費用の補助を受けられる場合がある。

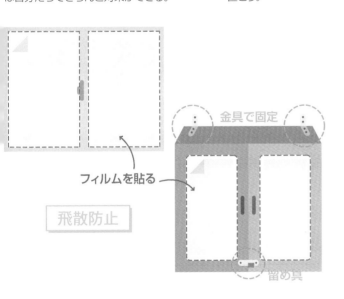

フィルムを貼る

飛散防止

金具で固定

留め具

突っ張り棒で固定

家具を固定

テレビとテレビ台を固定

ブロック塀倒壊は"人災"です

宮城県沖地震を契機に対策強化

地震発生時に被害が懸念されるものの一つにブロック塀の倒壊が挙げられる。これまでの大地震でも倒れた（崩れた）ブロック塀の下敷きとなり、犠牲者が出ている。所有者の管理上の問題でもあり、人ごとでは済まされない。

危険ブロック塀対策の背景

現在の建築基準（設置高さや構造など）を満たしていないブロック塀、または建築基準を満たしていても傾きやぐらつきがあったり、ひび割れがあったりするブロック塀は、大規模地震が発生した場合、倒壊などで人命に関わる重大事故につながる危険性があり、速やかに除却するなどの対策を講じる必要がある。

2016年の熊本地震や18年の大阪府北部地震など、近年の地震災害でもブロック塀の倒壊による人身事故が発生している。そもそも地震によるブロック塀倒壊の危険性が広く認識されることになったのは、1978年の宮城県沖地震といわれており、県ではこの地震によるブロック塀倒壊事故を受け、早くから危険ブロック塀対策に取り組んできた。

注意が必要なブロック塀

既存のブロック塀は、まず現在の建築基準を満たしているかを確認する必要がある。基準を満たしている場合でも、老朽化や過去の地震被害などで、ひび割れや傾きがある場合は除却などの対策を講じる必要がある。

①通学路のブロック塀

通学路沿いのブロック塀は、地震で倒壊した場合、通学中の児童をはじめ歩行者を巻き込み、重大な事故につながる可能性がある。ブロック塀の高さや強度などが適正であるかをチェックし、安全性を確認することが必要。

②被害を受けているブロック塀

ひび割れや傾きがあったり、触るとぐらついたりするブロック塀は、倒壊や落下被害が発生する可能性があり危険だ。速やかに対策を講じる必要がある。

③危険性があるブロック塀対策

危険性のあるブロック塀の対策方法として、まずは除却（撤去）が考えられる。その場合、ブロック塀の全てを撤去しなくても、上部数段を撤去して高さを低くすることで安全性を確保できる場合がある。そうすればその分の撤去費用を抑えることができ、また、道路通行者からの目隠しが必要な場合は、数段残したブロック塀を生かし、その上にアルミフェンスを設置することも可能だ。

危険性があるブロック塀などの除却については、助成制度（補助金）を実施している市町村がある（県による上乗せがある場合あり）。本誌の各市町村ページで確認するか、各市町村の担当課に確認を。

問／県建築宅地課 TEL022-211-3245

斜めに大きなひび割れが入っている

上部の透かしブロックが破損している

下部にひび割れがあり、ずれも生じている

津波災害

24 ▶ 25	津波のメカニズム
26 ▶ 27	津波から身を守ろう
28	津波防災の日・世界津波の日

津波のメカニズム
「水の壁」から逃れよう！

津波はなぜ起きる

地震が発生すると、震源付近の地面は上下に動く。震源が海の下で浅いと、海底そのものが上下に変動する。これにより付近の海水全体が短時間に急激に上がったり下がったりし、波となって周囲に広がっていくことで津波が起きる。

津波は海が深いほど、速く伝わりやすい。沖合ではジェット機並みのスピードで伝わる。逆に水深が浅くなるほど速度が遅くなり、陸地に近づくにつれて後から来る波が前の波に追い付き、高さが増す。また、水深の浅い所でも時速40㌔弱のスピードがあるという。

津波直前の前兆として、よく「潮が引く」と言われるが、これは違う。地震発生のメカニズムにより、いきなり大きな波が押し寄せることもある。いずれにせよ素早い避難が肝心だ。

通常の波との違い

一般的な波は、風により海面付近が吹き上げられる現象だ。波の山から山、または谷から谷の長さを指す波長は数㍍〜数百㍍程度。もちろん、一般的な波浪でも台風をはじめとする荒天時は十分に怖いが、津波は海底の上下変動が引き起こすため、海底から海面までの全ての水が巨大な"塊"となって沿岸に押し寄せるので、圧倒的な威力を持つ。

津波の波長は数㌔から時に数百㌔と、通常の波とは比較にならないほど長い。これも海面付近だけではなく、全ての海水が押し寄せているからで、衰えずに何度も襲来する。津波は浅い海岸に来ると急激に高くなることがあり、また、津波の高さ以上の標高まで駆け上がることもある（遡上高）。引き波のときも強い力で長時間続くので、家屋や漂流物を一気に海中に引きずる。

そのすさまじい威力ゆえに、津波はたとえ数十㌢でも危険だ。「関取でも足をすくわれる」と言われる。木造家屋の場合、浸水1㍍程度から部分破壊を起こし始め、2㍍からは壊滅的被害、または流失が始まるという。浸水が50㌢程度でも、さまざまな漂流物の直撃を受けて被害の恐れもありえる。

津波の速度

東日本大震災では、東北地方太平洋岸に甚大な津波の被害をもたらした。この沿岸域は近代観測が始まった明治以降だけでも、規模の大小を問わず、さまざまな津波が襲来。明治と昭和の三陸地震津波やチリ地震津波など被害が大きく、歴史に刻まれる津波も経験してきた。人を、家を、そしてまちをものみ込むそのすさまじい威力をあらためて理解しよう。

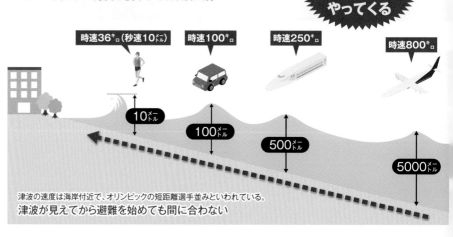

津波は猛スピードでやってくる

時速36㌔（秒速10㍍トル）　時速100㌔　時速250㌔　時速800㌔

10㍍トル　100㍍トル　500㍍トル　5000㍍トル

津波の速度は海岸付近で、オリンピックの短距離選手並みといわれている。
津波が見えてから避難を始めても間に合わない

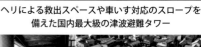

津波の高さと遡上高

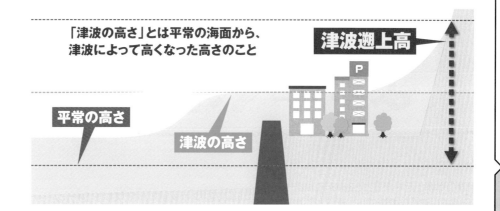

「津波の高さ」とは平常の海面から、津波によって高くなった高さのこと

津波遡上高

平常の高さ

津波の高さ

津波の注意点

・速さはジェット機並み
・繰り返しやってくる
・高さは想像以上
・引き潮がなくても
　やってくる

津波警報・注意報

　気象庁は2013年3月7日から新しい津波警報の運用を開始した。マグニチュード8を超えるような巨大地震による津波に対しても適切な警報を発表するとともに、簡潔な表現で避難を促す。

　地震の規模や位置をすぐに推定し、これらを基に沿岸で予想される津波の高さを求め、地震発生から約3分(一部の地震については最速2分程度)を目標に、大津波警報、津波警報または津波注意報を発表する。

　この時、予想される津波の高さは通常5段階の数値で発表する。ただしマグニチュード8超の地震に対しては、精度のいいデータをすぐに求めることができないため、その海域における最大の津波想定などを基に警報・注意報を発表する。

　その場合、最初に発表する大津波警報や津波警報では、予想される津波の高さを「巨大」「高い」という言葉で発表し、非常事態であることを伝える。「巨大」などの言葉で発表した場合には、その後、地震の規模が精度よく求められた時点で警報を更新し、予想される津波の高さも数値で発表する。

津波観測に関する情報

　警報・注意報の発表後、沿岸の観測点での津波の高さや到達時刻が発表される。ただし、大津波警報や津波警報が発表されているとき、観測された津波の高さを見て、これが最大だと誤解されないよう、津波の高さを数値で表さずに「観測中」と発表する場合がある。

　これは津波が何度も襲来し、後から来る津波の方が高いケースがあることを考慮したもの。「観測中」とする基準は津波の高さが、大津波警報が発表されている沿岸での観測で1㍍以下、津波警報が発表されている沿岸での観測で20㌢未満のとき。

津波警報・注意報の基準と発表の仕方

	発表基準	数値での発表(津波の高さ予想の区分)	巨大地震の場合の発表	被害想定と取るべき行動
大津波警報※ ※特別警報に位置付けられている	予想される津波の高さが高い所で3㍍を超える場合	10㍍超(10㍍<予想高さ) 10㍍(5㍍<予想高さ≦10㍍) 5㍍(3㍍<予想高さ≦5㍍)	巨 大	木造家屋が全壊・流失し、人は津波による流れに巻き込まれる。 沿岸部や川沿いにいる人は、ただちに高台や避難ビルなど安全な場所へ避難。
津波警報	予想される津波の高さが高い所で1㍍を超え、3㍍以下の場合	3㍍(1㍍<予想高さ≦3㍍)	高 い	標高の低い所では津波が襲い、浸水被害が発生。人は津波による流れに巻き込まれる。 沿岸部や川沿いにいる人は、ただちに高台や避難ビルなど安全な場所へ避難。
津波注意報	予想される津波の高さが高い所で0.2㍍以上、1㍍以下の場合であって、津波による災害の恐れがある場合	1㍍(0.2㍍≦予想高さ≦1㍍)	(表記しない)	海の中では人は速い流れに巻き込まれ、また、養殖いかだが流失し小型船舶が転覆する。 海の中にいる人は、ただちに海から上がって、海岸から離れる。

地震

津波

風雨災害

火山災害

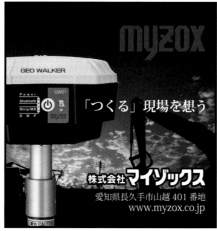

津波から身を守ろう
より早く、高く、遠くへ
情報と状況の把握に努める

海が震源の地震が起きた場合、沿岸部ではすぐに津波に警戒しなければならない。震源が陸地の近くだと、地震直後に津波が襲来する可能性が高く、避難は一刻を争う。一方でチリ地震津波に代表されるように、震源が遠い海外でも1日近くかけて津波はやってくる。いずれにせよスピーディーな避難と対応が重要だ。

津波から身を守るための ポイント

① 地震の揺れの程度で判断しない
② 避難は「遠く」よりも「高く」に
③「津波が来ない」という俗説を信じない
④ 避難に車を使わない
⑤ 引き潮がなくても津波が来る

津波から身を守る対応チャート

こんなときは

強い地震や長時間の揺れを感じた
津波警報が発表された（揺れを感じなくても）

津波注意報が発表された
（揺れを感じなくても）

避難する

避難に備える

まずはこのような行動を

● 海岸にいる人は、ただちに海岸から離れ、素早く高台やビルなどの安全な場所に避難する
● 沿岸部の住民は、ただちに避難する

● 海水浴や釣りはすぐに中止し、素早く陸上の安全な場所に避難する
● 沿岸部の住民は、いつでも避難できるように準備する

その後は…
● 正しい情報をテレビ、ラジオなどで入手する
● 津波は繰り返し襲来するので、警報・注意報が解除されるまでは絶対に海に近づかない

海、川から離れる

地震が発生した場合、海や河川の近くにいるときは、ただちに避難する。震源が近いと警報発表前に津波が襲ってくる。常に防災行政無線のスピーカー放送やテレビ、ラジオなどからの情報を聞き漏らすことのないようにし、周囲の状況にも目を配りたい。

避難の際は海や河川からより遠く、より高い場所に逃げるのが基本だ。震源が近く、津波到達の時間が差し迫っている場合は高い所を目指そう。避難は徒歩が鉄則。特に慣れない場所での車での避難は極めて危険で、渋滞を招く可能性も高い。

津波ハザードマップ

沿岸部の自治体では、津波の襲来の際、地域のどの範囲に浸水被害を及ぼすのかをシミュレートした「津波ハザードマップ」を作成している。

住民用のマップには、自治体によって違いはあるが、浸水予測区域や避難場所、避難情報の伝達など住民の安全かつ的確な避難活動に役立つ「避難活用情報」と、津波の発生メカニズムや津波の状況などを住民が学習し、自主的な防災意識を高めるのに役立つ「災害学習情報」を掲載している。

避難活用情報の観点では、津波は避難時間

に猶予がなく、どこに避難するかが極めて重要となる。このことからマップでは、避難の判断、適切な避難方向・避難場所の判断のため、浸水開始時刻、浸水の方向・浸水深が把握でき、水没しない建物・避難場所などが紹介される。災害学習情報の観点では、住民が「津波とはどのような災害か」を理解するための情報が載る。

津波避難標識

津波から身を守るためには、津波警報が発表されたら、ただちに安全な場所に避難するのが重要。特に津波の危険のある地域の住民は、いつでも迅速に避難できるよう、あらかじめ準備しておく必要がある。

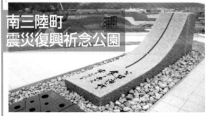

津波避難
標識

津波注意

地震により津波が襲う危険のある
地域であることを示す

津波避難場所

津波に対して安全な避難場所
（高台）であることを示す

津波避難ビル

津波に対して安全な避難ビルで
あることを示す

津波浸水
表示板

縮小サイズの横型（上）
と縦型で60ｾﾝﾁ×30ｾﾝﾁ。
他に標準サイズ（120ｾﾝﾁ
×30ｾﾝﾁ）なども横型と縦
型がある

津波が襲来する危険のある地域を示す標識、津波に対して安全な避難場所を示す標識、海岸付近で津波に対して安全な避難ビルを示す標識がある。これらを「津波避難標識」と呼び、住民はもとより、外国人にも容易に分かるように国際標準化されている。

これらの標識を活用し、高いビルや丘などの避難場所や避難経路を、あらかじめ確認しておこう。よく知らない土地でも避難場所や避難ビルの標識を目印に避難しよう。

津波浸水表示板

宮城県では2011年に始めた「3.11伝承・減災プロジェクト」の一環で、津波防災の意識啓発を目的とした津波浸水表示板の設置を進めてきた。東日本大震災の津波浸水域で、表示板設置地点では津波によりどれくらい浸水したのか一目で分かる取り組みだ。

表示板設置は、プロジェクトを支える三本柱の一つ「"記憶"より"記録"で『ながく』伝承」に基づくもの。震災の伝承のみならず、今後発生するかもしれない新たな津波被害への備えにもつながる。

地域住民に身近な常に目に付く場所に表示することで、震災の津波の記憶を風化させず、実物大のハザードマップとして後世に伝える「しるべ」にもなる。観光客ら土地に不慣れな来訪者にも注意を喚起でき、防災を考えるきっかけとなる。

表示板は青地に白抜きの文字・マークで横、縦各2種類ある。また、設置場所の状況に応じてサイズなどを検討できる。

設置場所は道路や河川付近、傾斜地ののり面、公園、公共施設など。13年度に始まった「伝承サポーター」制度により、民間企業や町内会などと官民協働で伝承に取り組み、商店、寺社、個人宅などにも設置されるようになり、21年3月末現在で県内沿岸部に399枚が設置されている。

11月5日は…
「津波防災の日」
「世界津波の日」

11月5日は「津波防災の日」と「世界津波の日」。県内では6月12日の「みやぎ県民防災の日」、9月1日の「防災の日」などと並び、地震や津波への対策を確認し、備えるための契機の一日だ。この日を中心に、全国各地で地震津波防災訓練が行われる。

津波防災の日

2011年3月11日に発生した東日本大震災では、東北地方の太平洋沿岸を襲った津波によって多くの人命が失われた。これを受けて津波から国民の生命を守るため、津波対策を総合的、効果的に推進することを目的として、同年6月に「津波対策の推進に関する法律」が制定された。この法律では津波対策に関する観測体制強化、調査研究推進、被害予測、連携協力体制整備、防災対策実施などが規定されている。その中で、国民に広く津波対策についての理解と関心を深めてもらおうと、11月5日を「津波防災の日」とすることが定められた。

世界津波の日

1960年のチリ、76年のフィリピン、98年のパプアニューギニア、99年のトルコ、2001年のペルー、04年のインド洋沿岸諸国、09年のサモアおよびトンガ沖、11年の東日本大震災など世界各地の沿岸域で津波被害が発生し、津波の脅威は多くの世界共通の課題となっている。

世界中で津波によってもたらされるリスクに関する人々の意識を向上し、津波対策を強化しようと、世界142カ国の共同提案により2015年12月の国連総会で11月5日が「世界津波の日」となった。世界的に津波の脅威について関心が高まるきっかけにするとともに、津波対策に関する取り組みが新たに始まった。具体的な内容としては、早期警報や伝統的知識の活用、「より良い復興」を通じた災害への備えと迅速な情報共有の重要性を認識することなどが挙げられる。

なぜ11月5日？

江戸時代後期の1854（安政元）年11月5日（太陽暦では12月24日）、中部地方から九州地方の太平洋沿岸に大きな津波被害をもたらした安政南海地震で、紀州藩広村（現在の和歌山県広川町）を津波が襲った時、しょうゆ醸造業を営み、後に実業家や政治家として活躍する濱口梧陵（儀兵衛）が、刈り入れが終わって屋外に積み重ねておいた稲わら（稲むら）に火をつけて、村人を安全な場所に誘導したという実話にちなむ。

これをモデルにした物語が「稲むらの火」で、防災教材として広く知られている。原作はラフカディオ・ハーン（小泉八雲）が1897（明治30）年に発表した短編小説「A Living God」（生き神様）。前年に発生した明治三陸地震による津波で多くの命が失われたというニュースを知ったハーンは、伝え聞いていた安政南海地震の際の梧陵の偉業をヒントに、この小説を書き上げたといわれている。

稲むらの火（あらすじ）

高台に住む庄屋の五兵衛は長くゆったりとした地震の後、家から出て村を見下ろした。しかし、村人は豊年を祝う祭りの準備で地震には気付いていない様子だ。五兵衛が目を海にやると、潮が引き、広い砂原や岩底が現れている。津波がやって来るに違いないと直感した五兵衛は、自分の畑に積んであった刈り入れたばかりの稲むらに次々と火をつで火を放った。すると、火に気付いた村人が火を消そうと高台に次々と駆け付けた。村人が五兵衛の元に集まってしばらくすると、津波が村を襲い、村は跡形もなくなってしまう。その様子を見た村人は、五兵衛が稲むらに放った火によって命が救われたことに気付くのだった。

風雨災害
火山災害

30 ▶ 31　風雨災害のメカニズム

32 ▶ 33　気象の変化に注意を

34　Lアラート

35　避難情報

36　マイ・タイムライン&防災メモ

37 ▶ 38　学ぼう宮城の活火山

風雨災害のメカニズム

地球温暖化で威力増す
被害がより深刻に

毎年、全国各地に被害を及ぼしているのが、台風や集中豪雨といった風雨による災害。地球温暖化の影響からか威力が増し、被害もより大きなものになりつつある。加えて最近は、ゲリラ豪雨や竜巻の発生も顕著となってきた。自然災害の中では風雨が最も身近だからこそ、きちんと理解しておきたい。

離れた所でもご用心！

台風はなぜ南から

熱帯の海上で発生する低気圧を「熱帯低気圧」と呼ぶ。このうち北西太平洋（赤道より北で東経180度より西の領域）、または南シナ海に存在し、かつ低気圧域内の10分間平均の最大風速が毎秒約17㍍以上のものを「台風」という。

台風は上空の風に流されて動き、また地球の自転の影響で北～北西へ向かう性質がある。そのため、通常東風が吹いている低緯度では、台風は西へ流されながら次第に北上。上空で強い偏西風が吹いている中・高緯度に来ると台風は速い速度で北東へ進む。

台風は、暖かい海面から供給された水蒸気が凝結して雲粒になるときに放出される熱をエネルギーとして発達する。しかし、移動の際に海面や地上との摩擦により絶えずエネルギーを失っていて、仮にエネルギーの供給がなくなれば2～3日で消滅してしまう。

また、日本付近に接近すると上空に寒気が流れ込むようになり、次第に台風本来の性質を失って「温帯低気圧」に変わる。あるいは熱エネルギーの供給が少なくなり衰えて「熱帯低気圧」に変わることもある。上陸した台風が急速に衰えるのは水蒸気の供給が絶たれ、さらに陸地との摩擦によりエネルギーが失われるからだ。

大きさと強さで表現

台風のおおよその勢力を示す目安として、10分間平均の風速を基に、台風の「大きさ」と「強さ」で表現される。

大きさは「強風域（風速毎秒15㍍以上の強い風が吹いているか、地形の影響などがない場合に吹く可能性のある範囲）」の半径。強さは「最大風速」で区分する。さらに、強風域の内側で風速毎秒25㍍以上の風が吹いているか、地形の影響などがない場合に吹く可能性のある範囲を「暴風域」と呼ぶ。

台風に関する情報の中では、台風の大きさと強さを組み合わせて「大型で強い台風」などと呼ぶ。ただし、強風域の半径が500㌔未満のときは大きさを表現せず、中心付近の最大風速が毎秒33㍍未満のときは強さを表現しない。

本州すっぽり「超大型」

台風は風速毎秒15㍍以上の強風域半径が500㌔以上、800㌔未満が大型（大きい）、800㌔以上が超大型（非常に大きい）

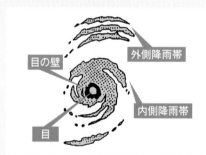

台風の目から200～600㌔も離れている外側降雨帯では断続的に激しい雨が降ったり、ときに竜巻を発生させたりする

例えば「強い台風」と発表している場合、それは強風域の半径が500㌔未満だが、中心付近の最大風速は毎秒33〜43㍍で暴風域を伴っていることを表す。天気図上では暴風域が円形で示される。この円内は暴風が、いつ吹いてもおかしくない範囲だ。中心付近の最大風速が毎秒44㍍以上は「非常に強い」、54㍍以上は「猛烈な」と表現される。

強風と大雨に注意

台風は強風とともに大雨を伴う。積乱雲の集合体のため、広い範囲に長時間にわたり雨を降らせる。垂直に発達した積乱雲が目の周りを壁のように取り巻き、そこでは猛烈な暴風雨となっている。

この目の壁のすぐ外は濃密な積乱雲が占め、激しい雨が連続的に降っている。さらに外側の目から200〜600㌔の所には帯状の降雨帯があり、断続的に激しい雨が降ったり、ときに竜巻が発生したりすることもある。

台風が発生し日本に近づくと、各地の気象台などでは刻々と情報を発表し、テレビやラジオ、新聞が現況と今後の進路予測を伝える。それらの情報を有効に活用し、災害の防止・軽減に役立てたい。

大気不安定で集中豪雨

集中豪雨は活発な積乱雲がもたらす。発生の気象条件としては大気の状態が不安定、すなわち地表面付近の空気は比較的暖かく湿っていて、上層の空気は比較的冷たく乾いている状況だ。

梅雨前線や太平洋高気圧の縁、台風の周辺などは多量の水蒸気が継続して流入することがあり、大気の状態が不安定となって集中豪雨を引き起こすことがある。また、地形の影響を受け、水蒸気がある狭い地域に集中することが豪雨を引き起こす原因になることもある。

集中豪雨をもたらす積乱雲の寿命は、せいぜい1時間程度。しかし、積乱雲が同じような場所で次々と発生、発達、衰弱を繰り返し、激しい雨が数時間から十数時間も継続

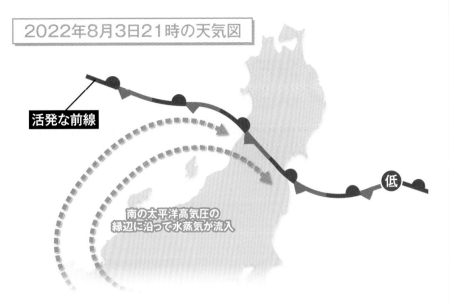

2022年8月3日21時の天気図

活発な前線

南の太平洋高気圧の縁辺に沿って水蒸気が流入

低

することがある。最近では予報技術の向上に伴い、集中豪雨のおおよその場所や時間、量などを1日から半日ほど前に予想することが可能なケースもある。

しかし、予測困難とされるのが「ゲリラ豪雨」。積乱雲の急激な成長が原因で、突発的かつ局所的ながらも激しい雨をもたらす。予測困難であるがゆえ、その時々の空模様や風の体感などに気を配りたい。雷の発生を知る手だてとしてはAMラジオが有効。おおむね50㌔以内で発生していれば「ばりばり」「ざらざら」といった雑音が入る。

宮城県内では東日本大震災の影響で地盤沈下した地域が多く、ちょっとした雨でも浸水しやすい。また、これまでの雨などで地盤が緩み、土砂災害の心配もあり、注意が必要だ。

暖かく湿った空気が流入

2022年8月1日から6日にかけて、日本海から東北地方・北陸地方に延びる前線に向かって暖かく湿った空気が流れ込んだため、大気の状態が非常に不安定となり、北海道地方や東北地方および北陸地方を中心に大雨となった。

特に3、4日は前線上の低気圧が日本海から東北地方を横断し、その後、前線は次第に南下し東北地方や北陸地方に停滞した。また、低気圧や前線に向かって、南の太平洋高気圧の縁を回る空気や台風6号を起源とする暖かく湿った空気が流れ込んだため、東北地方や北陸地方で記録的な大雨となった。

3日は朝に低気圧近傍の青森県や秋田県で線状降水帯が発生し、東北北部では昼過ぎにかけて断続的に猛烈な雨が降り、記録的な大雨となった。その後、前線の南下に伴い、北陸地方や東北南部で猛烈な雨が降った。新潟県と山形県では複数の線状降水帯が発生したことなどで、解析雨量による総雨量が600㍉を超える記録的な大雨となった。19時15分に山形県の6市町を対象に大雨特別警報を発表、その後も雨は降り続き、4日1時56分には新潟県の3市村と山形県小国町を対象に大雨特別警報を発表した。山形県では4日明け方に最上川上流で氾濫が発生した。

その後、前線は次第に南下し、4日は石川県や福井県で、5日から6日にかけては福井県や滋賀県および三重県などで大雨となった。これら一連の大雨で各地に被害が出た。

気象の変化に注意を
川の氾濫、崖崩れに注意
ゲリラ豪雨や竜巻の発生も

私たちにとって身近な気象現象の風と雨は、時に大きな被害を及ぼす。台風はもちろんのこと、近年は地球温暖化によって突発的、かつ局所的にすさまじい雨を降らせる「ゲリラ豪雨」や、竜巻の発生が懸念されている。予測がある程度つくものから困難なものまでさまざまだが、常に気象変化に気を配り、早めに対策を講じることが何よりの防災につながる。

大雨直前から心掛ける行動

- 目視、体感などで身の回りの気象状況に気を付ける
- テレビ、ラジオ、インターネットなどから最新の気象情報を入手
- 窓や雨戸など屋外の点検
- ハザードマップや防災マップなどで、避難の場所や経路を確認
- 非常持ち出し品の点検
- 市町村からの呼び掛け（防災行政無線、メール）などに注意
- 避難の準備をする
- 危険な場所に近づかない
- 日頃と異なったことがあれば市町村などへ通報
- 場合によっては避難場所へすぐに避難

早めに防災対策・避難行動を

大陸と大洋に挟まれた日本は、季節の変わり目に梅雨前線や秋雨前線が停滞し、しばしば大雨を降らせる。また、7月から10月にかけては日本に接近・上陸する台風が多くなり、大雨、洪水、暴風、高潮などをもたらす。

特に傾斜の急な山や川が多い日本では、台風や前線による大雨によって、川の氾濫や山崩れ、崖崩れなどが起きやすく、人々の生活や生命が脅かされるような自然災害が毎年のように発生している。

激しい気象現象から身を保護するには、さまざまな情報を活用しつつ、空の変化に注意し、自分の安全は自分で守るのが大切だ。ちょっとした心掛けと行動で被害を未然に防げる。被害に遭わないために役立つポイントを紹介する。

「防災気象情報」を活用

台風などの大雨、洪水、暴風、高潮が引き起こすさまざまな被害を防ぐために、国や県では土砂災害防止のための砂防設備、崖崩れ防止のための防壁、川の氾濫を防止するための治水工事、高潮防波堤の整備など、さまざまな防災対策を行っている。

しかし、どんなに設備での対策を行っていても、自然の力が勝れば、災害は発生する。災害から身を守るためには、国や県が行う対策だけでなく、一人一人の「自助」、すなわち災害に対する備えをしておく、危険を感じたら早めに避難するなど、自らの身を守るための行動が重要だ。

そのような「自助」に役立つのが、気象庁が発表する「防災気象情報」。大雨や台風は、地震災害のように突然襲ってくるものではなく、いつ、どこで、どのくらいの強さで発生するかなど、ある程度予測できる。

一般住民が早めの防災対策に役立てられるよう、気象庁は大雨や台風などに関する防災気象情報を随時提供している。これまで経験したことのないような甚大な災害が発生する恐れのあるときは「特別警報」、重大な災害が起こる恐れのあるときは「警報」、災害が発生する恐れのあるときには「注意報」を発表し警戒を呼び掛けている。

これらは原則として、市区町村ごとに発表される。市区町村は、気象庁が発表する警報や注意報を受けて、必要な地域に避難情報を発令する場合がある。

また、気象庁では「大雨に関する気象情報」「台風に関する気象情報」などを発表している。天気予報やニュースで「気象庁では、大雨（台風）に関する情報を出して警戒を呼び掛けています」という言葉が流れたら、その後の気象情報に注意しよう。テレビやラジオ、気象庁ウェブサイトの「防災情報」ページなどで最新の情報を入手しよう。

しっかりと家屋補強

雨や風が強くなる前に、家屋の補強などを行おう。雨が降ったり、風が強くなったりする前に窓や雨戸はしっかりと閉め、必要に応じて補強する、側溝や排水溝は掃除して水はけをよくしておく、風で飛ばされそうなものは飛ばないように固定したり、家の中に格納したりするなど、家の外の備えをしておこう。雨や風が強くなってからでは、外での作業は危険だ。

ゲリラ豪雨

ゲリラ豪雨の地域はもちろん、離れた場所でも注意が必要。例えば河川敷にいるとき、その場所は晴れていても、川の上流でダムの放水があったり、雨が降ったりすると急に水かさが増すことがある。天候の急変や、川の上流地域の気象情報にも注意を。

土砂災害

山では集中豪雨や長雨で地盤が緩むと、土砂災害が発生しやすくなる。地震の震動で崖崩れが起きることもある。地鳴りがしたら、崖崩れに巻き込まれないよう、すぐに高台へ逃げよう。

間に合わないようならば、土砂を正面からかぶらないように、大きな木の下に隠れる。頭を守り、落石から身を守ろう。

竜　巻

竜巻から身を守るには、どうすればいいか。

屋外にいるときは、電柱や樹木は倒れる危険性があり、絶対にそばにいてはいけない。物置や車庫、プレハブ（仮設建築物）は吹き飛ばされる可能性があるので、これらの中に入っていたり、避難したりするのは危険だ。頑丈な構造物の物陰に入り、身を小さくしよう。シャッターは、きちんと閉める。

屋内にいるときは、窓やカーテンをきちんと閉めるとともに、割れる可能性があるので窓から離れる。1階の窓のない、またはできるだけ少ない部屋に移動し、丈夫な机やテーブルの下に入るなどし、身を小さくして頭を守る。

また、飛散防止フィルムを窓ガラスに張るなど、屋内の安全対策もしっかりと。避難が必要になったときに備えて、非常持ち出し品の点検や避難場所の確認などもしておく。

外出控えるか早めに帰宅

警報、注意報が発表されているときや悪天候のときは、交通機関がストップしてしまう恐れがあるので外出は控え、外出している人は天候が荒れる前に、早めに帰宅しよう。

危険時はすぐ避難

市区町村からの避難情報があったときや、危険を感じたときは、安全なルートで避難場所にすぐに避難を。川の氾濫や土砂災害などは一気に起こるため、避難が遅れると

命に関わる。天候が荒れてからでは移動も大変なので、特に高齢者や小さな子どものいる家庭は、早い段階で避難しよう。

危ない所に近づかない

大雨や台風のときには、海岸や増水した川、急傾斜地など、危険な場所には近づかないようにする。避難するときも安全なルートを通って移動できるよう、日頃から市区町村が作成したハザードマップを活用し、危険箇所を確認しておこう。

ハザードマップは、過去に発生した災害の被害状況を基に、地震や津波、台風や集中豪雨による洪水、土石流や崖崩れ、噴火など、大規模自然災害における被害発生状況を予測し、地図に書き込んだもの。

河川が氾濫した場合に浸水が予想される地域、土砂災害の発生が予想される危険箇所などがハザードマップに示されているので、あらかじめ知っておくことで早めに避難行動を取ったり、危険を回避して移動したりすることができる。

ハザードマップを確認することは重要だが、過信は禁物。ハザードマップで危険な地域になっていなくても「うちは大丈夫」「まだ大丈夫」と甘くみないで、早めに避難行動を取ろう。

また台風のときは、台風が通り過ぎたり、温帯低気圧に変わったりしても吹き返しの強い風が吹いたり、雨が降り続いたりすることがある。警報や注意報が解除されるまでは、警戒を続けよう。

局地的大雨から身を守るための3要素

 被害をイメージする力 ➡ 危険を感じる冷静な心 ➡ 避難を決断する勇気

局地的大雨では積乱雲（雷雲）によって急に強い雨が降り、それが低い場所へ一気に流れ込むため、総雨量は少なくても十数分で甚大な被害が発生することがある。
どのような場所で、どのような事故や災害が発生するのか、被害をイメージできることが重要だ。

 こんなときは要注意！
◆真っ黒な雲が近づき、周囲が急に暗くなる
◆雷鳴が聞こえたり、雷光が見えたりする
◆ヒヤッとした冷たい風が吹き出す
◆大粒の雨や、ひょうが降り出す

➡ 危険を感じたら、ただちに避難

 関連リンク

気象庁「防災情報」　https://www.jma.go.jp/jma/menu/menuflash.html　　　内閣府「防災情報のページ」　https://www.bousai.go.jp
国土交通省「ハザードマップポータルサイト」　https://disaportal.gsi.go.jp　　　総務省消防庁　https://www.fdma.go.jp

地震

津波

風雨災害

火山災害

仙台市広域避難場所　**七北田公園**

避難場所面積　48,000㎡
収容可能人数　24,000人

泉中央の七北田川沿いに設置されている総合公園。園内には、大型遊具が設置されているわんぱく大地、仙台市民の憩いの場になっている泉ヶ池や芝生広場のほか、緑化相談の受付や園芸講習会などを開催する都市緑化ホールがあります。ベガルタ仙台のホームスタジアムにもなっているユアテックスタジアム仙台や七北田公園体育館のほか、野球場やテニスコートも設置されています。

問／七北田公園 都市緑化ホール　TEL022-375-9911
仙台市泉区七北田字赤生津4　仙台市地下鉄泉中央駅より徒歩5分　駐車場180台

備えの一助として有効活用 Lアラート

災害時、または災害が予想される際に公的機関からのスピーディーな情報伝達手段として、真っ先にテレビやラジオ、インターネットなどが挙げられる。加えて最近はメール配信もあり、以前に比べれば情報を入手しやすくなった。発信元となる公的機関も素早く、正確、確実に住民に情報を送る手段を日々、構築している。

進化を踏まえ名称変更

地方公共団体が発する災害情報を集約し、テレビやラジオ、携帯電話、ネットなどの多様なメディアを通じて一括配信するシステムの「公共情報コモンズ」は、宮城県では2013年6月12日の「みやぎ県民防災の日」に運用が始まった。全国的に整備が進み、新たな発展モデルに進化することを踏まえ、国民に分かりやすい名称にする観点から「Lアラート(災害情報共有システム)」という新たな名称に変わった。

新名称のコンセプトは①発信された情報をテレビやラジオなどの多様なメディアで一括配信するシステムを表現②災害時の地域のお知らせを住民に迅速かつ確実に届けていくローカル(Local)な緊急警報(アラート)③災害の

多いアジア諸国などへの海外展開を念頭に置いたグローバルな呼称。かつ、国民保護情報や緊急地震速報などを伝達する「Jアラート」と一対の仕組みとして展開―などが挙げられる。

携帯電話に一斉メール

Lアラートでは、地方自治体やライフライン関連事業者など公的な情報を発信する「情報発信者」と、放送事業者や新聞社、通信事業者などその情報を住民に伝える「情報伝達者」とが、情報基盤を共通に利用することで、効率的な情報伝達が実現できる。住民はテレビやラジオ、携帯電話、ポータルサイトなど、さまざまなメディアから情報を入手することができる。

その分かりやすい実用例が、携帯電話の緊急速報メール(※)。県内では2013年9月にサービスが始まった。避難情報など生命に関わる緊急性の高い情報を特定のエリアに一斉に多数の携帯電話ユーザーに配信するサービスだ。月額使用料・通信料は無料で、事前登録は

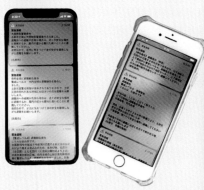

2019年10月の台風19号の際に配信された緊急速報メール

不要。

2019年10月の台風19号の際も、県内では大雨特別警報の発表をはじめ避難情報の対象地域などに、このメールが送信された。

※「緊急速報メール」は、携帯電話事業者によっては「緊急速報エリアメール」の呼称もある

避難に関わる簡潔かつ重要なサイン 避難情報

災害対策基本法の一部が2021年5月に改定され、大雨や台風接近時などに市町村が発表する避難情報が変わった。「避難勧告」がなくなり「避難指示」に一本化され、他の避難情報も一部の語句が変わった。大雨や台風接近時など避難に関わる重要なサインだけに、より明確、簡潔に、ひっ迫度が伝わる内容となった。

災害の発生が差し迫った場合、市町村からは「高齢者等避難」「避難指示」「緊急安全確保」が発表される。避難指示は災害の恐れが高く、この段階までに危険な場所からの避難を必ず終えるのが重要だ。周知方法はテレビやラジオをはじめ、市町村にもよるが防災行政無線、緊急速報メール、ツイッターなどのSNS、広報車・消防団・警察による広報、自主防災組織や近隣住民同士の声掛けなどが挙げられる。

従来は、小中学校の体育館や公民館といった「避難所」と呼ばれる施設への避難が一般的だった。しかし外が危険な場合は、無理をせず自宅の2階や近くの高い建物への避難が適切な場合もある。そのため「避難所」と呼ばれる施設への移動はもちろん、避難につながる全ての行動が避難行動となる。

危険感じたら自主避難も

高齢者等避難が発表された場合は、災害の恐れがあり、人的被害の発生する可能性があるので、避難行動に時間がかかる要配慮者(高齢者、障害者、乳幼児その他の災害時特に配慮を必要とする人およびその支援者)は避難を始めよう。避難指示が発表されたら全ての人が率先して避難を開始。その行動が周囲に避難を促し、命を救うことにもなる。この段階までに避難を必ず終えよう。

避難情報にかかわらず、ただちに避難が必要と感じたら、発表を待たず自主的に避難を。

- それぞれの警戒レベルに相当する情報を早めの避難行動の判断に役立てよう
- 市町村からの避難指示等の発令に留意するとともに、避難指示等が発令されていなくとも自ら避難の判断を
- 警戒レベル5は、すでに安全な避難ができず命が危険な状況。警戒レベル3や4の段階で避難することが重要だ

警戒レベル	住民がとるべき行動		市町村の情報	警戒レベルに相当する気象庁等の情報		
				警報等	キキクル(危険度分布)	指定河川洪水予報
5	命の危険 ただちに安全確保!		緊急安全確保 ※必ず発令される情報ではない	大雨特別警報		氾濫発生情報
〈警戒レベル4までに必ず避難!〉						
4	●過去の重大な災害の発生時に匹敵する状況。この段階までに避難を完了しておく ●台風などにより暴風が予想される場合は、暴風が吹き始める前に避難を完了しておく			土砂災害警戒情報	極めて危険※2	氾濫危険情報
4	危険な場所から全員避難		避難指示	土砂災害警戒情報	非常に危険	氾濫危険情報
3	危険な場所から高齢者等は避難	●高齢者等以外の人も必要に応じ、普段の行動を見合わせ始めたり、避難の準備をしたり、自主的に避難する	高齢者等避難	大雨警報※1 洪水警報	警戒(警報級)	氾濫警戒情報
2	自らの避難行動を確認	●ハザードマップ等により、自宅等の災害リスクを再確認するとともに、避難情報の把握手段を再確認するなど		大雨注意報 洪水注意報	注意(注意報級)	氾濫注意情報
1	災害への心構えを高める		早期注意情報(警報級の可能性)			

※1 夜間〜翌日早朝に大雨警報(土砂災害)に切り替わる可能性の高い注意報は、高齢者等避難(警戒レベル3)に相当します

※2 「極めて危険」(濃い紫)が出現するまでに避難を完了しておくことが重要であり、「濃い紫」は大雨特別警報が発表された際の警戒レベル5の緊急安全確保の発令対象区域の絞り込みに活用することが考えられる

16ページから36ページまでの参考資料文献

●気象庁ホームページ ●総務省消防庁「防災マニュアル」 ●みんなで減災 あなたにもできる減災!〈内閣府(防災担当)〉
●国土交通省「ハザードマップポータルサイト」 ●そのときどうする〜防災サバイバル読本〜〈(財)日本防火協会・東京法令出版〉
●内閣府「防災情報のページ」 ●首相官邸ホームページ「防災の手引き」 ●内閣府「津波防災特設サイト」

避難行動のサポートツール
マイ・タイムライン&防災メモ

「マイ・タイムライン」とは、風水害の発生に備えて一人一人の家族構成や生活環境に合わせ、あらかじめ作成する自分自身の避難計画のこと。

大規模な水害を想定し、自身や家族のとるべき行動について「いつ」「誰が」「何をするのか」をあらかじめ時系列で整理することによって、いざと

いうときにあわてず安全に避難行動をとる助けになるなど、避難行動のサポートツールとしてリスクの軽減につながることが期待できる。

マイ・タイムラインを作成することで、それぞれの避難に必要な情報・判断・行動を把握し、「自分の逃げ方」を見つけて。併せて「防災メモ」に必要なことを書き込み、マイ・タイムラインと一緒に保管しよう。

マイ・タイムライン

※警戒レベルや防災気象情報は以下の順番で発表されるとは限らず、あくまで目安

警戒レベル	1	2	3	4	5
	市町村の発令する避難情報を確認しよう。（※は気象庁発表）				
	早期注意情報（※）	注意報（※）	高齢者等避難	避難指示	緊急安全確保

避難行動の参考にする防災気象情報にチェックしよう。

- ☑ 大　　雨 ……………………… 大雨・洪水注意報　　大雨・洪水警報
- ☐ 河川の氾濫 ………………… 氾濫注意情報　　氾濫警戒情報　　氾濫危険情報
- ☐ 土 砂 災 害 ……………………………………………………… 土砂災害警戒情報
- ☐ 高　　潮 ……………… 高潮注意報　　高潮警報に切り替える可能性が高い注意報　　高潮警報・高潮特別警報

大雨特別警報
氾濫発生情報

行動					避難場所
例 （持病のある祖母と妻、息子と4人暮らし）	避難時の持ち物確認 大雨など気象情報の収集	避難経路再確認 祖母と息子の避難準備開始	祖母と息子の避難開始 自分と妻の避難準備開始	自分と妻の避難開始	

命の危険
ただちに安全確保!

防災メモ（家族の安否確認先）

避 難 場 所	
集 合 場 所	
緊急連絡先	

	名　　前	血液型	緊急時の連絡先
家族の連絡先			

学ぼう 宮城の 活火山

美しい景観や温泉、良質な土といった恩恵をもたらす一方、噴火などによって広範囲に被害を及ぼすこともある火山活動。宮城県には「蔵王山」「栗駒山」「鳴子」の三つの活火山があり、蔵王山と栗駒山は監視・観測が必要な火山（常時観測火山）として火山活動の状況に応じて「警戒が必要な範囲」と防災機関や住民らの「とるべき防災対応」を5段階に区分した「噴火警戒レベル」が運用されている。

噴火警戒レベルが運用されている宮城県の火山

🔺 蔵王山

火山災害警戒地域	蔵王町、七ヶ宿町、川崎町 山形市、上山市

近年では2015年4月に火口周辺の警戒を呼び掛ける「火口周辺警報」が発表されたが、同年6月に「噴火予報」に引き下げられた。蔵王山火山防災協議会では「火山防災マップ2017年1月版」を作成し、蔵王山が噴火した場合に予想される噴火の規模や火山現象の種類、それらを起因とする被害が想定される区域を、避難場所や避難する際の心得などとともに掲載している。マップは融雪型火山泥流の被害想定区域を詳しく掲載するため「宮城版」と「山形版」の2種類がある。※P88に関連記事

🔺 栗駒山

火山災害警戒地域	栗原市、一関市、横手市 湯沢市、羽後町、東成瀬村

1944年の昭和湖付近での降灰と火口噴出型泥流発生を最後に2022年8月まで噴火は発生していないが、昭和湖付近からゼッタ沢源頭部の地獄谷にかけて火山ガスや噴気の放出は継続している。栗駒山火山防災協議会では、2019年に「火山避難計画」を策定したほか、2021年8月に「栗駒山火山防災マップ」を作成した。マップは、栗駒山が噴火した場合に予想される噴火の規模や火山現象の種類、それらを起因とする被害が想定される区域を、避難場所や避難する際の心得などとともに掲載している。また、融雪型火山泥流の被害想定区域を詳しく掲載するため「宮城版」「岩手版」「秋田版」の3種類がある。

火山災害の種類

火山噴火による災害には溶岩流や火砕流、火砕サージ、山体崩壊、水蒸気爆発による火山れき・火山岩塊（がんかい）噴出、降灰、火山性ガス放出などがある。また間接的災害として火山性地震や地殻変動、爆風・空振、地熱変化、津波、泥流・土石流、斜面崩壊、地すべりなどが起こることも。発生から避難までほとんど時間がない場合もあるため、噴火警報が発表されたときは速やかに規制範囲から避難することが大切だ。活動が活発でない火山でも、過去に火山性ガスによる死傷者が出る事故が起こったことがある。噴火警戒レベルや入山規制などの情報は気象庁のウェブサイトや、「宮城県防災情報ポータル」などでチェックできる。

宮城県防災情報ポータル（https://miyagi-bousai.secure.force.com）

噴火警戒レベルの例（栗駒山）

種別	予報	警報		特別警報	
名称	噴火予報	噴火警報（火口周辺） または火口周辺警報		噴火警報（居住地域） または噴火警報	
対象範囲	火口内等	火口周辺	火口から 居住地域近くまで	居住地域および それより火口側	
レベル （キーワード）	1 （活火山であること に留意）	2 （火口周辺規制）	3 （入山規制）	4 （高齢者等避難）	5 （避難）
火山活動の 状況	火山活動は静穏。火山活動の状態によって、火口内で火山灰の噴出等が見られる（この範囲に入った場合には生命に危険が及ぶ）。	火口周辺に影響を及ぼす（この範囲に入った場合には生命に危険が及ぶ）噴火が発生、あるいは発生すると予想される。	居住地域の近くまで重大な影響を及ぼす（この範囲に入った場合には生命に危険が及ぶ）噴火が発生、あるいは発生すると予想される。	居住地域に重大な被害を及ぼす噴火が発生すると予想される（可能性が高まってきている）。	居住地域に重大な被害を及ぼす噴火が発生、あるいは切迫している状態にある。
住民等の 行動および 登山者・入山者等 への対応	状況に応じて火口内への立ち入り規制等。	住民は通常の生活。火口周辺への立ち入り規制等。	火口から居住地域近くまでの範囲への立ち入り規制等。状況に応じて高齢者等の要配慮者の避難の準備、特定地域の避難等が必要。住民は通常の生活。	警戒が必要な居住地域での高齢者等の要配慮者の避難、住民の避難の準備等が必要。	危険な居住地域からの避難等が必要。

 学ぶ

火山がもたらす恩恵と災害

栗駒山麓ジオパークビジターセンター

　火山や地震、洪水など、さまざまな自然災害を克服してきた歴史と独自の景観、地域文化を教育や学術研究、防災、観光などに活用しているのが「栗駒山麓ジオパーク」。旧栗駒小学校の建物を活用して開設された「栗駒山麓ジオパークビジターセンター」では、栗駒山の火山活動が今からおよそ50万年前に始まり1944年の小噴火で昭和湖が形成されたことなど、栗駒山と山麓一帯の魅力、歴史などをパネルや映像で紹介。シアター室では迫力ある二面巨大スクリーンも体感でき、自然災害の記録を通して防災・減災について楽しく学べる。入館無料。

開／9:00～17:00
（12～2月は16:00まで）
休／火曜（祝日の場合は翌平日）
12月29日～1月3日
栗原市栗駒松倉東貴船5
TEL0228-24-8836

宮城県の防災・減災施策

 宮城県

WEBサイト

防災推進課
TEL022-211-2464

公式SNS　Facebook (@pref.miyagi)　Twitter (@myg_kouhou)

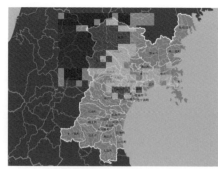

土砂災害警戒情報システムのサンプル画面
（土砂災害危険度分布状況図）

災害・防災情報の提供

●宮城県防災ポータルサイト
https://miyagi-bousai.secure.force.com/

　防災気象情報をはじめ、市町村が発令する避難情報や開設している避難所情報などさまざまな情報を確認できる。また、県の災害対策本部会議資料を公開する他、災害時に役立つ交通情報やライフライン情報などへのリンクも設けられ、各種情報を収集できる。
問／県復興・危機管理総務課
　　TEL022-211-2375

●宮城県防災・危機管理ブログ
https://plaza.rakuten.co.jp/bousaimiyagi/
　県では、県内の防災や危機管理に関する情報を「宮城県防災・危機管理ブログ」で発信し、災害時の情報手段の一つとして活用を呼び掛けている。

●宮城県防災公式Twitter (@miyagi_bosai)
　2021年3月に開設。災害時には気象情報や避難に関する情報、平時には防災に関する普及啓発や訓練に関する情報を発信している。

問／県復興・危機管理総務課
　　TEL022-211-2375

●宮城県原子力安全対策課Twitter
(@n_info_miyagi)
　2021年7月に開設。放射性物質の測定結果や放射線・放射能の基礎知識、原子力災害時の防護措置方法といった宮城県の原子力広報、放射能測定結果、女川原子力発電所に関する情報を発信している。
問／県原子力安全対策課
　　TEL022-211- 2341

●宮城県土砂災害警戒情報システム
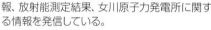
https://www.doshasaigai.pref.miyagi.jp/sabo/disp?disp=TOP

　大雨警報が発表されている状況で、さらに土砂災害の危険性が高まったときに市町村長が避難指示などを発令する際の判断や、住民が自主避難をする際の参考となるよう、宮城県と仙台管区気象台が共同で発表する。テレビ・ラジオ・気象庁ウェブサイトの他、宮城県独自の宮城県土木部総合情報システムから「土砂災害警戒情報を補足する情報」を提供。発表中の大雨警報・注意報や土砂災害警戒情報、10分ごとに更新される最新の土砂災害危険度等の情報を宮城県砂防総合情報システム（MIDSKI）、宮城県土砂災害警戒情報システムで確認できる。
問／県防災砂防課 TEL022-211-3232

●土砂災害防止法に基づく土砂災害警戒区域等の指定

　がけ崩れや土石流、地すべりといった土砂災害から住民らの生命を守るため、宮城県では土砂災害防止法に基づき、土砂災害警戒区域（イエローゾーン：土砂災害のおそれがある区域）と土砂災害特別警戒区域（レッドゾーン：土砂災害警戒区域のうち，建築物に損壊が生じ、住民に著しい危害が生じるおそれがある地域）の指定を行っている。いずれも指定区域は県のウェブサイト（https://www.pref.miyagi.jp/soshiki/sabomizusi/kasyo.html）や「宮城県砂防総合情報システム（MIDSKI）土砂災害警戒区域等確認マップ」で確認できる。
問／県防災砂防課 TEL022-211-3232

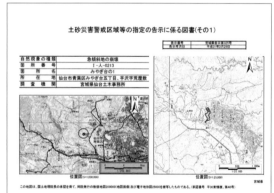

土砂災害警戒区域指定図書のサンプル（実際の告示図書）

●土砂災害警戒メール

40ページ「宮城県土砂災害警戒情報システム」の大雨警報・注意報、土砂災害警戒情報をEメールで配信。Eメールを送受信、インターネットの閲覧が可能なスマートフォン、タブレットなどで誰でも利用可能。宮城県砂防総合情報システム（MIDSKI）(https://www.doshasaigai.pref.miyagi.jp/midski/mail/DoshaMail_pc.htm) の土砂災害警戒メール配信システムで登録を。
問／県防災砂防課 TEL022-211-3232

●MIRAIアラームメール

雨量、河川水位、ダム諸量および気象に関する情報を一元管理し、県民に公開する「河川流域情報システム(MIRAI)」の情報を住民らに直接メール配信する。配信されるのは水位超過（各基準水位の超過）や洪水予報発表（洪水予報河川のみ）情報で、国や県管理の洪水予報河川（14河川）と、水位周知河川（37河川）の計45河川（6河川は重複）が対象。洪水予報河川や、水位周知河川の詳細は宮城県河川課のウェブサイト内に掲載している「宮城県水防計画書」で確認できる。ウェブサイト (https://mirai.alarmmail.pref.miyagi.lg.jp/public) から登録画面にアクセスし、画面に表示される手順に従って登録を。

〈基準水位〉

○**水防団待機水位（レベル1）**…水防団が出動するために待機する水位

○**氾濫注意水位（レベル2）**…水防団が出動の目安とする水位

○**避難判断水位（レベル3）**…避難準備などの氾濫発生に対する警戒を求める水位

○**氾濫危険水位（レベル4）**…避難などの氾濫発生に対する対応を求める水位

※各自治体から発表される避難情報とは異なる。各自治体から発表される避難情報に従って避難を

スマートフォン版 https://www.dobokusougou.pref.miyagi.jp/miyagi_sp/
問／県河川課 TEL022-211-3182

●洪水浸水想定区域図

河川が氾濫した場合に浸水が想定される区域と浸水の深さをまとめた地図で、水災害時における人的被害を防ぐことを目的として作成される洪水ハザードマップの基盤となる。

宮城県では2021年7月水防法改正（施行）を受けて、洪水予報河川、水位周知河川以外の中小河川（その他河川）においても、水害リス

●がけ110番制度

がけ崩れ、地すべり、土石流といった土砂災害の緊急時の際に地域住民らからの情報を受け、適切な対応を実施することができるように、県内の各土木事務所などに土砂災害情報窓口を設けている。連絡先は以下の通り。

○県防災砂防課
　TEL022-211-3232
○大河原土木事務所
　TEL0224-53-1434
　TEL0224-53-3916
○仙台土木事務所
　TEL022-297-4153
○北部土木事務所
　TEL0229-91-0747

○同栗原地域事務所
　TEL0228-22-2193
○東部土木事務所
　TEL0225-98-3501
○同登米地域事務所
　TEL0220-22-2763
○気仙沼土木事務所
　TEL0226-24-2505

土石流危険渓流の現地点検の様子

砂防ダム点検の様子

急傾斜地点検の様子

ク情報の空白域をなくすため、指定を進めている。

「想定最大規模降雨による洪水浸水想定区域」「計画規模降雨による洪水浸水想定区域」などをウェブサイト（https://www.pref.miyagi.jp/soshiki/kasen/sinnsou.html）で公表している。

●河川の監視
・危機管理型水位計

近年の豪雨災害の特徴を踏まえて設置された洪水に特化した低コストの水位計（危機管理型水位計）。誰でもリアルタイムで川の水位が確認できる。河川の水位が一定の水位を超過すると観測を開始し「川の水位情報」で表示される。「宮城県河川流域情報システム」（MIRAI）のリンク先からも閲覧可能。宮城県では2018

危機管理型水位計

年9月に運用を開始し20年度までに123カ所が設けられている。
問／県河川課 TEL022-211-3173

・簡易型河川監視カメラ

災害時に画像によるリアリティーのある災害情報を配信できるよう、機能を限定した低コストの河川監視カメラ（簡易型河川監視カメラ）。宮城県内の県管理河川のうち、67カ所で設置が完了しており、「川の水位情報」にて誰でも情報を確認できる。
問／県河川課 TEL022-211-3173

簡易型河川監視カメラ

防災訓練／防災・減災の普及啓発

●「みやぎ県民防災の日」総合防災訓練

1978年6月12日に発生した「宮城県沖地震」を契機に、翌79年の「県民防災の日」（6月12日）から、県内各地域において大規模地震災害の発生に備え、地震災害に対する防災体制の確立と防災意識の高揚を図ることを目的に、県内各地域で防災関係機関と地域住民が一体となって各種の訓練が実施されている。県では災害対策本部設置運用訓練、初動派遣・通信訓練などを実施している。
問／県復興・危機管理総務課
　　TEL022-211-2375

●9.1総合防災訓練

1923年の関東大震災を教訓に制定された「防災の日（9月1日）」と「防災週間（8月30日〜9月5日）」の関連行事として、関係する法律や各種防災計画に基づき実施。災害時において防災関係機関、地域住民の参加協力の下、迅速かつ的確な災害応急活動が実施できるよう相互協力体制の確立を図るとともに、併せて地域住民の防災意識の高揚と防災知識の普及を図ることを目的としている。

県ではもともと、1963年から「宮城県総合防災訓練」として毎年実施してきたが、78年の宮城県沖地震を契機に「みやぎ県民防災の日」総合防災訓練が行われるようになったため、80年から「防災の日」の9月1日に「9.1総合防災訓練」として開催市町村と共催で毎年実施するようになった。訓練会場については県内を11ブロック

「みやぎ県民防災の日」総合防災訓練の様子

災害対策本部会議

土砂災害救助訓練

炊き出し訓練

救急救護訓練

展示コーナー（防災用品）

に区分し、各ブロックの持ち回りで開催している。

例年、陸上自衛隊、警察、日本赤十字社、NTT東日本、災害ボランティア団体などの防災関係機関をはじめ、開催地の消防本部、消防団、各種事業所と地域住民らにより、地震、津波、豪雨といった各種災害に対応するため、初期消火訓練、避難訓練、救出・救助訓練などを実施している。
問／県復興・危機管理総務課
　　TEL022-211-2375

●原子力防災訓練

女川原子力発電所が運転を開始する前年の1983年から開始。県および発電所の周辺市町が主催となり、国や警察、消防本部、自衛隊、電力事業者、関係機関などと連携し、緊急時通信連絡訓練や県災害対策本部運営訓練、市町

災害対策本部運営訓練、県現地災害対策本部訓練、原子力災害合同対策協議会等活動訓練、緊急時モニタリング訓練、広報訓練、原子力災害医療活動訓練、住民避難訓練、交通対策等措置訓練などに取り組んでいる。2021年度は2月10〜12日に国との合同で原子力防災訓練を行ったが、新型コロナウイルス感染症の影響で、住民避難訓練には住民は参加せず、自治体職員のみで行った。
問／県原子力安全対策課
　　TEL022-211-2341

●みやぎ出前講座
https://www.pref.miyagi.jp/soshiki/kohou/demae.html

県が取り組む施策などのテーマについて、県民の理解を一層深めてもらおうと、県職員が地域の集会や会合などに出向いて実施する講座。民間団体や市町村などの公的団体が主催するおおむね20人以上の集会・会合が対象。講座メニューはウェブサイトを参照。

防災に関する講座のうち、「東日本大震災を知る」では、東日本大震災の概要をはじめ、地域の復興に関する取り組みや語り部活動などを紹介し、「津波から命を守る」ために必要なことを伝える。また、「災害から身を守る共助・自助の取組について」では、災害時において共助の中核を担う自主防災組織の優良事例の紹介や、県が実施している地域防災力の強化に向けた取り組みなどを説明する。

職員の派遣費用と資料代は無料。開催日時については事前に相談を。

●「東日本大震災〜3.11を語り継ぐ〜」パネル
県では「東日本大震災—宮城県の発災後1年

間の災害対応の記録とその検証—（2015年3月）」の内容などを基にパネルを作成した。

東日本大震災がどのような災害であったのか、どのような出来事、教訓があったのかをあらためて振り返り、震災の風化防止や防災意識の向上の一助としてもらうのが狙い。震災教訓の伝承や風化防止、防災知識の普及・啓発に係るイベントなどへ貸し出している。

パネルはB1サイズで14枚（希望する内容のパネルのみの貸し出しも可）。1枚当たり縦1030㍉×横728㍉、厚さ9㍉、重さ約1.2㌔。

パネルの貸し出し

○**貸出期間**…郵送・返却期間を含めて原則2週間以内

○**貸出料**…無料　※貸し出しに係る送料（往復分）は利用者負担。県復興支援・伝承課で直接受け取り・返却も可

○**申し込み方法**…貸し出しを希望する場合は、県復興支援・伝承課のウェブ

●原子力災害時の行動の普及啓発

下記の「原子力防災の手引き」やDVDに収録した「住民向け解説動画」を希望者に配布している。ウェブサイトで申込書をダウンロードして必要事項を記入し、下記申し込み先へEメールかFAXで申し込みを。

●原子力防災の手引き

2015年9月に刊行された冊子。最新版は19年10月に発行。「放射線」「放射能」「放射性物質」などの基礎知識や、女川原子力発電所で事故が発生した際の防護措置や避難などの住民の行動について紹介。女川原子力発電所からおおむね30㌔圏内に位置する行政区内の家庭に全戸配布している他、ウェブサイトで公開している。

●住民向け解説動画配信

原子力発電所で事故が起こった際の住民の行動を解説する動画。2021年8月までに「屋内退避時のポイント-自治体から屋内退避指示があったとき」「避難退域時検査場所における検査等」の2テーマをウェブサイトで公開し、自治体から屋内退避指示が出た際に取るべき行動や、避難経路上で車両や体の表面の放射性物質の付着状況を調べる「避難退域時検査」の流れを分かりやすく解説している。右のQRからも視聴可能。

申込・問／県原子力安全対策課
TEL022-211-2341、 FAX022-211-2695
Eメールgentai@pref.miyagi.lg.jp

屋内退避時のポイント-自治体から屋内退避指示があったとき

避難退域時検査場所における検査等

◀Twitter

サイトからダウンロードできる「東日本大震災パネル貸出申請書」に必要事項を記入の上、メールかFAXで送る。記載内容を審査の上、利用の可否が決定される。申請書の提出は貸し出し希望開始日の2週間前まで。メールアドレスなどは県復興支援・伝承課のウェブサイトに掲載されている。

問／県復興支援・伝承課 TEL022-211-2443

地域防災

●宮城県防災指導員認定制度

宮城県防災指導員は、県、県民、事業者と市町村が一体となり、災害対策を推進することを目的に2009年4月に制定された、「震災対策推進条例」に基づく知事が認定する地域防災リーダーだ。認定を受けるためには、原則として県が実施する養成講習を受講し修了する必

亘理町での養成講習の様子

▲防災指導員
の腕章

要がある。

養成講習は、地域社会において防災リーダーとして活躍する人を養成する「地域防災コース」と、主に事業所において災害対策を推進する人を養成する「企業防災コース」がある。いずれのコースも県内在住、または県内の事業所に勤務する人で、県震災対策推進条例の理念の一つである共助の精神を理解し、地域や事業所で積極的に震災対策を推進する意志のある人が対象だ。

養成講習を修了すると「宮城県防災指導員認定証」と「腕章」が交付される。過去に県が主催した地域防災リーダー養成研修を受講した人や、防災士の資格がある人などは養成講習が免除される。

防災指導員として認定された人は、県が作成・管理する名簿に登載されるほか、防災指導員のさらなるスキルアップのため、より専門的な知識を習得するフォローアップ講習を受けられる（無料）。2018年度以降に開催されたフォローアップ講習地域防災コース（全4コース）のうち3コース以上を修了した人に対しては3コース修了証が交付される。
問／県防災推進課 TEL022-211-2464

●みやぎ地域防災のアイディア集
～持続可能な防災まちづくりのために～

宮城県内13市町18地域の自主防災活動をまとめた事例集。「避難行動要支援者を含む避難支援のグループづくり」「在宅被災者等の把握と生活支援」「避難所運営ゲーム(HUG)」などさまざまなテーマが盛り込まれ、宮城県のウェブサイトから無料でダウンロードできる。自主防災組織のさらなる活性化や新たな自主防災組織の結成に役立ててほしい。
問／県防災推進課
TEL022-211-2464

●みやぎ消防団応援プロジェクト

「消防団員カード」を協力店で提示して食事や買い物をすると、割引や特典といったさまざまなサービスが受けられる消防団員への優遇制度。地域を挙げて消防団を応援することで、団員のモチベーションを維持向上させ、新たな消防団員を確保して地域防災力の充実強化につなげる狙い。協力登録事業所は随時募集中。登録事業所には「みやぎ消防団応援事業所表

●男女共同参画・多様な視点
みんなで備える防災・減災のてびき

東日本大震災の教訓を踏まえ「男女共同参画・多様な生活者の視点」「自助・共助の視点」から防災・減災のポイントについてまとめている。地域に妊産婦や乳幼児、高齢者、障害者、外国人などの要配慮者をはじめさまざまな住民がいることを想定し、地域で備蓄品を選定する場合は、男女双方の視点や要配慮者といった地域の多様な生活者の意見も反映できるようにすることなどを盛り込んでいる。県のウェブサイトからダウンロード可能。
問／県共同参画社会推進課 TEL022-211-2568

示証」が発行され、県ウェブサイトで店名などを公表。プロジェクトへの協力を通して事業所のイメージアップや新たな顧客の獲得につながることが期待される。

問／県消防課 TEL022-211-2373

●応急手当講習会

心肺蘇生やAEDの使い方などの応急手当の方法を学んでもらおうと、宮城県内の各消防本部が一般県民向けに開講。「普通救命講習1」「普通救命講習2」「普通救命講習3」「上級救命講習」「応急手当普及員講習」等がある。受講希望者は住んでいる地域を管轄する消防機関か、勤務地を管轄している消防機関へ問い合わせを。

①**普通救命講習1**（約3時間）
○**内容**…主に成人に対する心肺蘇生法、異物除去法、大出血時の止血法、AEDの使用方法

②**普通救命講習2**（約4時間。老人福祉施設、公共機関の職員など一定の程度で心停止者に対し応急の対応をすることが期待・想定される方が対象。筆記試験、実技試験あり）
○**内容**…主に成人に対する心肺蘇生法、異物除去法、大出血時の止血法、AEDの使用方法

③**普通救命講習3**（約3時間）
○**内容**…主に小児、乳児、新生児に対する心肺蘇生法、異物除去法、大出血時の止血法、AEDの使用方法

④**上級救命講習**（講習時間8時間、筆記試験、実技試験あり）
○**内容**…成人、小児、乳児、新生児に対する心肺蘇生法、異物除去法、大出血時の止血法、AEDの使用方法、傷病者管理法、熱傷の手当、搬送法など

⑤**応急手当普及員講習**（約24時間）
○**内容**…基礎的な応急手当の知識と技能、基礎医学、資器材の取り扱い、指導技法、応急手当の指導者としての指導要領など

問／各消防本部（局）救急担当課
　　（各代表番号は47ページ参照）

●津波浸水想定図

今後発生が想定される「最大クラスの津波」が発生する潮位が満潮であるなどの「悪条件下」で発生した場合の、浸水する範囲や深さを想定しまとめたものであり、本県では、2022年5月にウェブサイト（https://www.pref.miyagi.jp/soshiki/kasen/miyagi-tsunami-shinsuisoutei-

published1.html）で公表している。

問／河川課 TEL022-211-3177

●過去の災害から得る新たな「学び」「気づき」

特別企画（3.11学びなおし塾）実施の様子

県と東北大学災害科学国際研究所は、石巻市南浜町にある「みやぎ東日本大震災津波伝承館（多目的スペース）」で、東日本大震災などの過去の災害や復興の過程からの新たな「学び」「気づき」を得てもらう、さまざまな企画を随時実施している。事前申し込み不要で誰でも参加可。実施企画については同館ウェブサイト「館内での行事、企画展等について」（https://www.pref.miyagi.jp/site/denshokan/index.html）で確認を。「防災のきっかけづくり」として、ぜひ同館に足を運んでみては。

問／県復興支援・伝承課 TEL022-211-2443

防災・減災に役立つ助成など

●宮城県小学校スクールゾーン内ブロック塀等除却工事助成事業

宮城県が2020年度から実施。小学校スクールゾーン内の危険性の高いブロック塀等の改善を加速させるため一定の要件を満たす市町村への助成を行っている。ブロック塀等の所有者は市町村へ申請することにより、工事に要する費用の一部について県による助成を含めた補助を受けることができる。助成事業主体は県内市町村。

○**対象**…次の①～③の要件を満たすブロック塀等の一部または全部を除却する所有者等。
①過去に国、宮城県および市町村から本事業と同様の補助金の交付を受けていないもの
②小学校スクールゾーン内の通学路等に面したもの
③ブロック塀等実態調査において、危険と判断

されたもの
○**補助対象となるブロック塀等の種類**…補強コンクリートブロック塀、石塀等の組積造の塀および門柱
○**危険と判断されたものの例**…以下の判定を受けたブロック塀等
・**仙台市**…「早急に除却を要する」
・**石巻市**…「要改善（2-2）」「要改善（3-1、3-2）」「緊急改善（4）」
・**塩竈市**…「要注意」「危険性あり」「著しく危険」
・**大崎市**…「要改善（危険度1）」「要改善（危険度2）」「緊急改善（危険度3）」
・**その他の市町村**…「要改善（危険度1）」「要改善（危険度2）」「緊急改善（危険度3）」「平成30年度スクールゾーン内の危険ブロック塀等の緊急安全点検においてE（除却必要）と判断されたもののうち、傾斜やぐらつき等が大きいもの」
○**補助額等**…次の①～③の金額のうちいずれか低い額が市町村の補助金額に加算される（市町村の補助額は市町村により異なる）
①ブロック塀等の一部または全部の除却に要する費用の6分の1
②市町村が補助する金額の4分の1
③7万5000円

問／各市町村担当窓口、県建築宅地課
　　TEL022-211-3245

●「みやぎ方式」による木造住宅耐震助成事業

2004年度から県内の市町村が実施している「耐震診断」から「耐震改修」まで一連の流れで助成する制度。1981年5月以前に建てられた木造の戸建て住宅が対象。市町村窓口で耐震診断を申し込むと自宅に耐震診断士（建築士）が派遣され、耐震診断の結果「倒壊する可能性がある」（上部構造評点0.7以上1.0未満）または「倒壊する可能性が高い」（上部構造評点0.7未満）と判定された場合は耐震診断実施と同時に改修計画の策定（耐震補強案と概算工事費の算出）までを一括して行う。スムーズに耐震改修工事へと引き継ぐ狙いがある。

○**補助額**…①耐震診断：自己負担額8400円（仙台市は1万7600円）②耐震改修リフォームなど：補助金額最大約100万円
※各補助金額は、市町村や住宅の規模、工事金額などにより異なる。また、募集期間や受付状況も異なる

問／耐震リフォーム無料相談所（宮城県建築士事務所協会内）TEL022-223-7330、市町村担当窓口、県建築宅地課TEL022-211-3245

災害時における防災協定

地震や台風などによる災害発生時に迅速な対応ができるよう、民間企業をはじめ国・地方公共団体などと防災協定を締結している。
●**自治体との災害時相互応援協定**
大規模災害時等の北海道・東北8道県（北海道、青森県、岩手県、秋田県、山形県、福島県、新潟県）相互応援に関する協定など
○**主な協定内容**…食料等の救援物資提供、被災道県への職員派遣、被災者の一時受け入れ施設のあっせん、応急危険度判定士、ボランティア等の派遣
●**法人との協定の例**
・物資等の供給（宮城県生活協同組合連合会、コンビニ各社、イオングループ 他）
・緊急物資の輸送（宮城県トラック協会 他）
・防災・災害情報の発信（ヤフー）
問／県防災推進課 TEL022-211-2464

●宮城県内の消防組織

宮城県内には11の消防本部があり、「仙台」「名取」「登米」「栗原」は市単独、「黒川地域」「石巻地区」「塩釜地区」「あぶくま（亘理地区）」「仙南地域」「大崎地域」「気仙沼・本吉地域」は一部事務組合(構成31市町村)で消防本部を設置。消防本部が消防車や救急車等が出動する消防署を、各消防署が分署や出張所、派出所を統括している。

近年、地域防災における役割が一層強くなっているのが、市町村が設置する「消防団」。消防団は特別職（非常勤）の地方公務員で、それぞれの職業を持った地域住民らが参加。普段は別の職業に就きな

がら、火災はもちろん地震や風水害等の大規模災害時に活動する。災害時以外にも、火災の予防や応急手当講習会、住宅の防火指導といった住民に対する啓発などを行い、地域の身近な消防防災のリーダーとして重要な役割を果たしている。

県内では42の消防団が活動しているが消防団員数は年々減少傾向にあり、各消防本部や市役所、町村役場で新団員の入団を呼び掛けている。

問／県消防課 TEL022-211-2373

❶仙台市消防局
　TEL022-234-1111
❷名取市消防本部
　TEL022-382-0242
❸登米市消防本部
　TEL0220-22-0119
❹栗原市消防本部
　TEL0228-22-1191
❺塩釜地区消防事務組合消防本部
　TEL022-361-0119
❻大崎地域広域行政事務組合消防本部
　TEL0229-22-2351
❼黒川地域行政事務組合消防本部
　TEL022-345-4161
❽あぶくま消防本部
　TEL0223-22-5189
❾石巻地区広域行政事務組合消防本部
　TEL0225-95-7111
❿仙南地域広域行政事務組合消防本部
　TEL0224-52-1050
⓫気仙沼・本吉地域広域行政事務組合消防本部
　TEL0226-22-6688

仙台市地下鉄【南北線・東西線】
災害の時も安全・安心に

災害の時は…

Q 大地震が発生すると、地下鉄はどうなるの？

A 仙台市地下鉄は、気象庁の緊急地震速報を衛星回線とインターネット回線で受信しています。

震度5弱以上の地震が沿線で予測された場合、電車は自動的に減速、停止します。

また、主要な駅に「地震計※1」を設置していて、震度4相当以上を感知した場合も電車は自動的に停止します。

地震計※1

電車内に緊急地震速報が流れたら、つり革や手すりにおつかまりください。

駅構内に緊急地震速報が流れたら、頭上や足元に注意し、特にエスカレーターや階段では、転倒しないようにベルトや手すりにつかまってください。駅のエレベーターには初期微動（P波）を感知すると、最寄りの階に自動的に停止する装置が設けられています。

地下鉄は緊急停止した場合も、安全確認後、できるだけ最寄りの駅ホームまで運転を続けます。

Q 地震が起きても、駅やトンネルは崩れないの？

A 地下鉄南北線の駅・トンネル・高架橋の柱は、阪神淡路大震災後に、同程度の地震が起きても壊れないよう耐震補強工事を行っており、東日本大震災により一部損傷したものの、崩壊することはありませんでした。

なお、地下鉄東西線は、阪神淡路大震災後の耐震基準で設計、建設されております。

Q 電車をどうしても動かせないときは？

A 電車をどうしても動かせない場合は、車両前方又は後方の運転室にある非常扉から線路上に降り、近くの駅まで避難していただくこととなります。

むやみに行動するのは大変危険なため、運転士や乗務員の誘導に従い、足元に注意しながら落ち着いて行動してください。

体の不自由な方や高齢者の方などへのサポートについて、ご協力をお願いします。

問／仙台市交通局案内センター TEL022-222-2256

教訓が、いのちを救う。
3.11 DENSHO ROAD

人と人を繋ぎ、震災の教訓を伝える活動
伝承ロード 縁（えにし）

～被災地を結ぶ、伝える、広がる、全国、そして世界へ～

震災から10年を過ぎた今だからこそ
被災4県の各地で行われている伝承活動にスポットを当て
情報を発信します。
被災地の人と人がつながり、助け合い
地域の今後の防災・減災に向けた
「震災伝承のプラットフォーム」のような場所になることを目指しています。

発 行 日／年4回（3月11日、6月11日、9月11日、12月11日）

設置配布／宮城県、福島県、岩手県、青森県（被災4県）、仙台市、被災沿岸市町村、震災伝承施設、アンテナショップ、沿岸の道の駅など約300カ所

A4サイズ　オールカラー12ページ　　**無料配布**

vol.1

vol.2

vol.3

vol.4

発　　　行／一般財団法人 3.11伝承ロード推進機構 TEL022-393-4261
編集制作／株式会社クリエイティヴエーシー TEL022-721-6051

全35市町村の防災・減災施策

仙台エリア

 仙台市 危機管理局減災推進課
TEL022-214-3109

公式SNS　危機管理局Twitter (@sendai_kiki)　同多言語版 (@sendai_kiki2)

災害情報等の提供

■杜の都防災Web
(http://sendaicity.bosai.info)
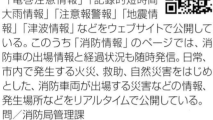
「消防情報」「避難情報」「雨量観測情報」「土砂災害警戒情報」「竜巻注意情報」「記録的短時間大雨情報」「注意報警報」「地震情報」「津波情報」などをウェブサイトで公開している。このうち「消防情報」のページでは、消防車の出場情報と経過状況も随時発信。日常、市内で発生する火災、救助、自然災害をはじめとした、消防車両が出場する災害などの情報、発生場所などをリアルタイムで公開している。
問／消防局管理課
　　TEL022-234-1111

■杜の都防災メール
　消防情報や避難情報、気象情報などの災害に関する情報を事前に登録した人に、メールで配信している。
○**配信情報**…消防情報、避難情報、気象情報、土砂災害警戒情報、竜巻注意報、記録的短時間大雨情報、地震情報、津波情報、その他の災害情報
○**登録方法**…市ウェブサイトの「杜の都防災メール」ページ（右QR）にアクセスし、空メールを送信すると、返信メールが届く。登録フォームにアクセスして必要事項を記入する。
○**注意**…登録、利用は無料だが、通信費用は利用者の負担。迷惑メール防止機能を利用している場合は「杜の都防災メール」を受信できるよう設定してから登録を。
問／消防局管理課
　　TEL022-234-1111

■仙台市危機管理局Twitter
　災害時における市民への情報伝達手段の多様化を図るために、2015年1月からツイッターで気象情報や避難情報などの防災・災害情報を発信している。多言語版もある。
問／危機管理局危機管理課
　　TEL022-214-8519

■緊急速報メール
　土砂災害、河川氾濫、津波といった災害発生時、NTTドコモ、au、ソフトバンク、楽天モバイルが提供する携帯電話の緊急速報メールにより避難情報などを配信する。
問／危機管理局危機対策課
　　TEL022-214-3049

■仙台市避難情報ウェブサイト
(https://hinan.city.sendai.jp/)
　災害時に、避難情報を早く分かりやすく知らせるために2016年6月から運用を開始。スマートフォン、パソコン、携帯電話などからの簡単な操作で、地域に発表されている避難情報や最寄りの避難所を確認でき、災害の状況により開設することができない避難所や、2階以上への移動が必要な避難所もリアルタイムで知ることができる。また「仙台市危機管理局Twitter」とも連携し、避難情報を素早く知らせる。
○**掲載項目**…災害種別（土砂災害、河川氾濫、ため池決壊、津波、地震）、避難情報（緊急安全確保、避難指示、高齢者等避難）、避難所開設情報
問／危機管理局危機管理課
　　TEL022-214-8519

■せんだい避難情報電話サービス
　携帯電話やスマートフォンを持たない世帯を対象に、災害発生時における避難情報を自宅の固定電話に音声発信するサービス。登録料・通話料はいずれも無料。危機対策課や各区役所で配布している利用申込書に必要事項を記入し市役所本庁舎2階の危機対策課窓口に直接持参または下記住所に郵送、ファクス（FAX022-214-8096）、Eメール（kks000020@city.sendai.jp）で提出する。利用申込書はウェブサイトからダウンロード可能。
○**提出先**…〒980-8671
　　仙台市青葉区国分町3丁目7番1号
　　仙台市危機管理局危機対策課
問／危機管理局危機対策課
　　TEL022-214-3049

■仙台市津波情報伝達システム

消防局に固定系の防災行政用無線の親局設備を設け、気象庁から津波警報等が発表された場合に、津波避難エリアなどに設置した屋外拡声装置や戸別受信装置から、迅速にサイレンや音声で津波警報等や避難情報を一斉に伝達する24時間体

津波情報伝達システム

制のシステム。各地域での円滑な避難を促すため、津波避難エリアの町内会、消防団の代表宅に戸別受信装置を貸与している他、エリア内に居住している聴覚障害者に文字表示機能付き戸別受信装置を貸与している。
問／危機管理局防災計画課
　　TEL022-214-3047

●仙台市災害多言語支援センター
Sendai Disaster Multilingual Support Center
仙台市灾害多语言支援中心
센다이시 재해 다언어 지원센터
Trung tâm hỗ trợ đa ngôn ngữ về thảm họa thành phố Sendai
सेन्दाई सिटिपिराकृतिक प्रकोप बहुभाषिक सहयोग केन्द्र

(https://int.sentia-sendai.jp/saigai/)

　大規模災害発生時に、言葉や習慣の違いから情報を入手しにくく、支援を受けられない恐れのある外国人住民等を支援するため、仙台市が設置し、公益財団法人仙台観光国際協会が運営する。仙台国際センター会議棟1階仙台多文化共生センターを拠点に、外国人住民等に必要な情報を、やさしい日本語や外国語で発信し、外国語での相談にも対応する。
問／仙台多文化共生センター（運営：仙台観光国際協会）
　　TEL022-224-1919

仙台市災害
多言語支援センター
（仙台国際センター内）

Sendai Disaster Multilingual
Support Center
(Sendai International Center)

仙台市灾害
多语言支援中心
(仙台国际中心内)

센다이시 재해
다언어 지원 센터
(센다이 국제 센터내)

TEL: 022-265-2471
　　022-224-1919

FAX: 022-265-2472
http://int.sentia-sendai.jp/saigai/

●仙台防災ナビ (https://www.sendaibousai.com)

　2020年10月に開設された防災・減災WEBサイト。災害時の適切な避難行動などの防災・減災に関するお知らせ、災害別（水害・土砂災害、内水、地震、津波）ハザードマップを掲載する他、避難場所や非常持ち出し品の確認など災害への備えについて解説。また「おりはらアドバイザーの3分間防災ちゃんねる」（P60に関連記事）をはじめとする防災・減災に関する動画の配信や、町内会や事業所などが行う防災訓練をはじめ市民から寄せられた情報をフェイスブックで紹介する。
問／危機管理局減災推進課 TEL022-214-3109

●せんだいくらしのマップ

PC用
https://www2.wagmap.jp/sendaicity/
スマートフォン用
https://www2.wagmap.jp/sendaicity-sp/

　仙台市内の施設情報やハザードマップなど、防災に関する情報を電子地図で発信するインターネットサービス。民間地図と仙台市が保有する2500分の1、1万分の1の地形図を利用している。情報を閲覧するだけでなく、電子地図上に図形などを描いたり、プリントアウトした地図を基に地域でオリジナルの地図を作成したりできる。

■仙台市地震ハザードマップ
(http://www.city.sendai.jp/jutaku/hazardmap.html)

　大きな地震があった場合の各地域の揺れの大きさ、建物被害の可能性などを市民に知らせ、日頃の備えを行ってもらおうと仙台市が2008年に作成。地震の規模や震源の距離から予想される揺れの強さを平均化して表示した「揺れやすさマップ」、地震の規模や震源の距離から予想される揺れと液状化の影響を考慮し、建物被害分布（全壊相当）を相対的に表示した「地域の危険度マップ」、地震の規模や震源の距離から予想される揺れによって、地盤の液状化発生の可能性を表示した「液状化予想マップ」の3種類がある。

○**利用方法**…仙台市のウェブサイト（下QR）でダウンロードできる他、仙台市役所1階市政情報センター、都市整備局建築指導課、各区役所街並み形成課、仙台市図書館（市民、広瀬、宮城野、榴岡、若林、太白、泉）で閲覧できる。
問／都市整備局建築指導課
　　TEL022-214-8323

■仙台市内水浸水想定区域図

　洪水（外水氾濫）とは異なり、下水道施設である雨水管・ポンプ場等の排水能力を超えることで生じる内水氾濫による浸水深を想定したマップ。令和元年東日本台風と同じ雨が、市街化区域に降った場合の浸水状況をシミュレーションした結果を表示している。

○**利用方法**…①上記「せんだいくらしのマップ」より閲覧可能②仙台市のウェブサイトからダウンロード可能③建設局下水道計画課、南・北下水道管理センター、各区役所区民生活課、宮城総合支所まちづくり推進課、秋保総合支所総務課、市政情報センターでパンフレットを入手可能。
問／建設局下水道建設部下水道計画課 TEL022-214-8333

■仙台市宅地造成履歴等情報マップ

　宅地の造成状況などを知ってもらうために、仙台市が所有する資料を基に、造成地の切土、盛土の別や造成時期などをまとめたマップ。「切土・盛土図」「造成年代図」「土砂災害危険箇所図」「旧地形図」の4種類がある。

○**利用方法**…仙台市のウェブサイトからダウンロードし、印刷できる他、仙台市役所本庁舎1階の市政情報センターでA1判（1枚400円）を販売。また同センターでA3判マップを借りてコピーできる。
問／都市整備局開発調整課 TEL022 214 8343

■防災重点ため池ハザードマップ

　農業用ため池の堤体（土手）が決壊した場合を想定したマップ。ため池ごとに浸水区域と浸水深さ、水の到達時間、避難場所をまとめて掲載している（若林区には対象となる防災重点ため池はない）。

○**利用方法**…仙台市のウェブサイトからダウンロード可能。
問／経済局農林土木課
　　TEL022-214-8268

■仙台防災ハザードマップ（2022年度／令和4年度版）

　2017年度より毎年発行してきた「仙台防災タウンページ」に代わり、2020年度より新たに作成した冊子型のハザードマップ。イラストを多く用い、小学校高学年の子供にも理解しやすいよう工夫を凝らした「学習面」と、最新の水害・土砂災害ハザードマップを掲載した地図面から構成されている。「いざ！という時に生き延びる」をコンセプトに、大雨時の適切な避難行動のフローチャートや避難場所の確認方法、災害時に自分がどう行動すべきかを記すマイ・タイムラインなど、緊急時に必要なコンテンツを厳選した。

○**利用方法**…仙台市のウェブサイトからダウンロードし、印刷できる他、区役所や市民センターなどの窓口で配布を行っている。
問／危機管理局減災推進課
　　TEL022-214-3048

倒壊建物からの救助訓練の様子

避難の支援・対策等

■避難所・避難場所の指定

市立小中高等学校や公園など全282カ所を避難場所として指定している。なお仙台市ではどこの地域がどこの避難所へ避難するかの割り振りを行っていない。それぞれの判断で、安全に移動しやすい最寄りの避難所に避難することができる。避難所・避難場所の種類は次の通り。

①**指定避難所**…避難のための広場と建物を備えた施設で、市立の小学校、中学校、高等学校などが指定されている。

②**津波避難施設・津波避難場所**…津波発生時に浸水が予想される「津波避難エリア」内において緊急に身の安全を守るための施設で、津波に対し安全な高さに避難スペースを有する施設や高台が指定されている。

③**地域避難場所**…指定避難所への避難が困難な地域などで活用する一時的な避難場所で、比較的大きい公園などが指定されている。

④**広域避難場所**…火災の広がりにより指定避難所などに留まることができないような場合の避難場所で、面積の大きな公園などが指定されている。

※**いっとき避難場所**…地震災害発生直後に、住民が家屋倒壊の危険などから身の安全を守ったり、自主防災組織による避難行動や安否確認を実施するために集合する場所で、近隣の公園など地域で事前に決めておくこととしている。
問/危機管理局防災計画課
　　TEL022-214-3046

■災害時要援護者情報登録制度

災害時に、安否確認や避難誘導など地域の支援を必要としている人について、本人らからの申請に基づき「災害時要援護者」として登録する。登録した情報は地域団体などに提供され、地域での避難支援体制づくりに生かされる。
〈登録対象〉
①身体障害者手帳、療育手帳、精神障害者保健

福祉手帳などを持っている
②要介護・要支援認定を受けている
③65歳以上の高齢者で、1人暮らしの方や高齢者のみの世帯
④上記①～③に準ずる場合や、病気等により地域の支援が必要な人（難病や自立支援医療の給付を受けている人も含む）
〈登録方法〉
お住まいの区の区役所・総合支所に「災害時要援護者情報登録申請書」を提出する。
問/健康福祉局社会課
　　TEL022-214-8158

■帰宅困難者対策

大規模災害時に公共交通機関がまひし、帰宅困難者が発生した場合に備え、仙台市では民間事業者などと連携し、帰宅困難者対策に取り組んでいる。業界団体などを通じ、渋滞や二次的災害の危険を回避するため、一斉帰宅の抑制を呼び掛ける他、ロッカー類の固定や食料、毛布の備蓄など事業所内にとどまれる環境整備の協力を依頼。JR仙台駅などの交通結節点周辺では、民間事業者等と協定を締結し、一時的に帰宅困難者を受け入れ、食料やトイレ、情報等を提供する一時滞在場所を確保している。徒歩帰宅者が安全、円滑に帰宅できるように、道路・災害情報やトイレなどを提供する「災害時帰宅支援ステーション」の整備も進めている。
問/危機管理局減災推進課
　　TEL022-214-3048

帰宅困難者対応訓練の様子

■津波避難施設

東日本大震災の津波により被害を受けた東部地域の13カ所に避難タワー、避難ビルなどの避難施設を整備している。2015年2月に完成した中野五丁目津波避難タワーは高さ約10メートル、鉄骨造りで2階部分と屋上に避難スペースを備え、約300人を収容できる。車いす利用者なども避難しやすいようにスロープを設けるほか、防災行政用無線や簡易トイレ、発電機などを備えている。また、24時間程度の滞在を考慮して毛布や非常食、飲料水などを備蓄している。

●避難所運営マニュアル

東日本大震災の経験と教訓を生かして新たに作成された。災害発生前の平常時などに活用する「事前準備解説編」、水害・土砂災害の危険性に応じた避難や避難所開設について定める「大雨時避難・開設編」、災害発生後などに活用する「活動編」、分担して各種活動を行うためのチェック式「マニュアルシート集」、「様式集」で構成している。地域団体や避難者、市が派遣する避難所担当職員、避難所となる施設管理者や職員関係者ら避難所に集まる全ての人たちが共有して利用できる。市内の指定避難所（195カ所）がある地域において、各地域版マニュアルの作成に取り組んでおり、マニュアルに沿った訓練を行い、改善していく予定。また、避難所における新型コロナウイルス感染症対策について別冊のマニュアル（暫定版）を作成。避難所への避難により新型コロナウイルス感染症が拡大することを防ぐため、各避難所で取り組む感染症対策や、そのための事前検討などを記載した。
問/危機管理局防災計画課
　　TEL022-214-3046

中野五丁目津波避難タワー（宮城野区中野5-2）

問／危機管理局防災計画課
　　TEL022-214-3047

■津波からの避難の手引き
　宮城県が公表した「津波浸水想定」を基本に、津波の河川遡上を考慮して避難が必要な区域（津波避難エリア）を表示。津波避難エリアのほか避難場所、速やかな避難のために必要な事項をまとめている。
○利用方法…仙台市のウェブサイトでダウンロードできる他、「せんだいくらしのマップ」で公開。
危機管理局（市役所本庁舎2階）、各区役所区民生活課・総合支所、市政情報センターでA3判を配布している。
問／危機管理局減災推進課
　　TEL022-214-3048

津波避難訓練の様子

■コミュニティ防災センター
　市民センターやコミュニティセンターに防災資機材倉庫を併設した、地域住民の自主的な防災活動の拠点となる施設。1小学校区に1カ所程度整備しており、現在102施設を設置している。平常時は地域の自主防災組織等の研修・訓練活動の拠点となり、災害時には備蓄している消火器や毛布、炊飯装置、発電機、リヤカーなどの防災資機材を活用した自助・共助による防災減災活動の拠点となる。
問／危機管理局防災計画課
　　TEL022-214-3047

■災害時における仮設トイレの供給協力協定
　災害時の応急トイレ対策として、仮設トイレのレンタル業を営む事業者と締結している協力協定。災害発生時に市の要請に基づき、優先的に仮設トイレを供給、設置してもらう。運搬費用、設置・撤去費用、物品代の実費は市の負担。2022年4月現在同協力協定を締結しているのは7事業者で、今後も取り組みを拡大するため、賛同事業者を募っていく。
問／環境局廃棄物企画課
　　TEL022-214-8231

●災害時給水施設

　地域住民が給水所の開設・運営ができる災害時給水栓と、水道局職員が開設を行う応急給水栓（非常用飲料水貯水槽、配水所活用型・ポンプ井活用型）、災害時給水栓（地下型）がある。各施設の所在地などの情報は仙台市水道局のウェブサイトに掲載しているほか、ユーチューブにて災害時給水栓の使用方法動画（**右QR**）を公開している。

非常用飲料水貯水槽

●災害時給水栓
　学校の防災備蓄倉庫などに保管している給水ホースや仮設給水蛇口を接続し、給水所として設営・利用できる。水道管と直接つながっているため、停電時に断水となることはなく、給水量の制限がないことが特徴。ただし、接続された水道管が断水となった場合は、同様に断水となる。
●非常用飲料水貯水槽
　学校や公園の地下に設置され、貯水した100立方㍍の水を災害時に飲料水として利用できる。
問／水道局水道危機管理室
　　TEL022-304-0099

災害時給水栓

■災害応急用井戸

大規模な災害が発生して、万が一水道水の供給が停止したときなどに、井戸水を雑用水（トイレ、洗濯、清掃用水など飲用以外に使用する水）として地域に提供してもらう登録制度。2000年度から行われ、2022年3月31日現在292件の事業所・一般家庭の井戸が「災害

応急用井戸」として登録されている。災害応急用井戸の提供事業所は、承諾があれば仙台市のウェブサイトに掲載され「せんだいくらしのマップ」でも確認できる（地図カテゴリ「防災」の「施設情報」から「災害応急用井戸」を選択）。井戸水を採ることができる場所は、各区の区民生活課で確認できるほか、基本的に「災

害応急用井戸」のプレートが目印。災害応急用井戸の登録は随時募集している（井戸水の提供はボランティアで、提供について井戸の所有者が絶対の責任を負うものではない）。

＜募集井戸＞
①災害時に地域の応急の生活用水として活用することができる井戸

●公的備蓄

災害時に備え、東日本大震災の最大避難者数約10万6000人および災害対応職員1万人の2日分6食に当たる約70万食の食料や飲料水、発電機や投光器、毛布などの物資を市立小・中・高等学校、市民センター、コミュニティ・センターなどに備蓄。2020年度からは下記に加え、パーテーションやマスク、消毒液など感染症対策物資も備蓄している。

食料としてはおかゆなどがあり、クラッカー以外はアレルギー対応食であることが特徴。これら備蓄食料の賞味期限は5年間であることから、5年目の食料を新たな食料と交換し、引き揚げた食料を

地域で防災訓練を行う際に、提供し活用している（各区区民生活課で応相談）。区役所・総合支所には粉ミルク・哺乳瓶も備蓄し、粉ミルクの一部もアレルギー対応としている。

また、従来の備蓄に加え、2010年に政令指定都市として初めてとなる流通在庫備蓄方式を導入。仙台市が購入した備蓄物資を販売した企業の流通在庫として倉庫に保管するスタイルで、備蓄物資購入後は毎年度事業者に支払う保管委託料のみの負担で済み、更新に伴うコストを軽減できるメリットがある。

問／危機管理局防災計画課　TEL022-214-3047

○指定避難所の主な備蓄物資

- ●クラッカー
- ●ようかん
- ●アルファ米
- ●アルファ粥
- ●飲料水
  （500ミリリットルペットボトル）

- ●災害用簡易組み立てトイレ
- ●救急医療セット
- ●毛布
- ●大型扇風機
- ●情報収集用テレビ
- ●ホワイトボード

- ●テント式プライベートルーム
- ●LPG発電機
  （カセットボンベ含む）
- ●LED投光器
  （コードリール付き）
- ●ネックレス型LEDライト

- ●避難所運営用品（運営マニュアル・腕章・ビブス）
- ●災害用多言語表示シート
- ●ハンズフリーメガホン
- ●使い捨てカイロ
- ●軍手

○補助避難所の主な備蓄物資（補助避難所となり得る市民センター、コミュニティ・センターの備蓄物資）

- ●クラッカー
- ●ようかん
- ●アルファ米

- ●飲料水
  （500ミリリットルペットボトル）
- ●ネックレス型LEDライト
- ●タワー型扇風機

- ●災害用携帯型簡易トイレ
- ●LPG発電機
  （カセットボンベ含む）

- ●LED投光器
  （コードリール付き）
- ●避難所管理・運営用物資ケース

○コミュニティ防災センターの主な備蓄資物資

- ●消火器
- ●給水用ポリタンク（20リットル）
- ●給水袋（6リットル）
- ●ラジオ付きライト
  （懐中電灯）
- ●カラーコーン
- ●コーンバー
- ●トラロープ

- ●救急医療セット
- ●毛布
- ●保安帽
- ●鉄杭（パイプ）
- ●鉄杭（丸棒）
- ●10ポンドハンマー
- ●スコップ
- ●つるはし

- ●ビニールひも
- ●オイル
- ●金てこ（バール）
- ●防水シート
- ●土のう袋
- ●なた
- ●サイレン付きメガホン
- ●担架

- ●レスキュージャッキ
- ●組み立て水槽（1立方メートル）
- ●炊飯装置セット
- ●オイルパン
- ●投光器付き発電機セット
- ●テント
- ●リヤカー
- ●金属はしご

②現在使用しており（飲用・雑用を問わない）、今後も引き続き使用を予定している井戸
③災害時に付近の住民に井戸水の提供ができる井戸
④付近の住民が使用できる場所にある井戸
問／環境局環境対策課
TEL022-214-8221

■民間防災拠点施設への 再生可能エネルギー等導入補助

医療施設や公共交通機関の施設、私立学校、宿泊等施設、小売店舗等商業施設等で、地域防災計画に基づき、がんばる避難施設、帰宅困難者一時滞在場所、福祉避難所または医療救護の拠点となる施設として指定を受けているなど、地域の防災拠点となりえる民間施設が、災害時に最低限必要な防災拠点機能を維持するために必要な再生可能エネルギー等設備の新たな設置・更新・増設を行う場合に助成する。対象となる設備は太陽光発電、風力発電、小水力発電、地中熱利用、廃熱や地熱利用、バイオマス利用、太陽熱利用、雪氷熱利用、ガスコージェネレーション設備（電源自立型GHPを含む）、燃料電池、蓄電池（発電設備との併設が必須）、エネルギー管理システム、V2H設備（発電設備と併設、かつ電気自動車又はプラグ・インハイブリッド車の所有が必須）。本事業に要する補助対象経費から寄付金その他の収入の額を控除した額に2分の1を乗じて得た額が上限（2022年度の申請受付は終了）。
問／環境局地球温暖化対策推進課
TEL022-214-8467

自主防災・民間防火組織

仙台市では、町内会などによる自主防災組織の結成を進め、防災用品の助成や活動の拠点となるコミュニティ防災センターを整備している。

■仙台市地域防災リーダー（SBL）

自主防災活動の中心的な役割を担える人材を育てる「仙台市地域防災リーダー」の養成講習会を実施。2022年3月までに1001人を養成している。
問／危機管理局減災推進課
TEL022-214-3109

■防災用品助成制度

自主防災組織結成初期の防災活動を支援するため、結成時に組織の規模に応じて下記の防災用品を助成している。助成は1組織1回のみ。

○**助成品目**（単位あたりの点数）…救助用担架（90点）・防水シート（30点）・トラロープ（40点）・トランジスターメガホン（200点）・懐中電灯（20点）・救急バッグ（70点）・救助用バール（50点）・救助用大型ハンマー（50点）

○**助成基準**…300世帯未満300点、300世帯以上600世帯未満600点、600世帯以上900世帯未満900点、900世帯以上1200点

○**申請方法**…消防署、消防分署または消防出張所で配布する「助成申請書兼受領書」に必要事項を記入して提出する。
問／危機管理局減災推進課
TEL022-214-3109

■仙台市内各消防団入団募集

仙台市内各消防団の入団を随時受け付けている。入団を希望する場合は最寄りの消防署に連絡を。

○**入団条件**…次の全てに当てはまる方。①仙台市に居住、通勤または通学している②18歳以上（男女問わず）③心身ともに健康な方。

○**消防団員の待遇**…消防団員は「特別職の地方公務員（非常勤）」という身分を持ち、次の支給・待遇がある。

＜職務報酬＞※2022年4月1日現在
階級により年間で3万6500円〜9万3000円。

＜出場報酬＞※2022年4月1日現在
災害の防御活動1回5000円、災害の防御活動（8時間以上）1回8000円、訓練・会議等1回4200円

＜各出動に伴う費用弁償＞
1回200円

＜退職報償金＞※2022年4月1日現在
5年以上勤務で20万円〜97万9000円

＜公務災害補償＞
消防団活動での負傷等に対する補償

＜制服等の貸与＞
制服や活動服、装備品等を貸与
申込・問／仙台市青葉消防署
TEL022-234-1121
仙台市宮城野消防署
TEL022-284-9211
仙台市若林消防署
TEL022-282-0119
仙台市太白消防署
TEL022-244-1119
仙台市泉消防署
TEL022-373-0119
仙台市宮城消防署
TEL022-392-8119

■民間防火組織

①**仙台市婦人（女性）防火クラブ連絡協議会**…市内六つの地区で構成されている。万が一の場合、互いに協力して活動できるよう、各町内会の女性が中心となり火災予防や救命といった研修会を開催するなど、地域の実情に合わせた活動を行っている。2022年4月1日現在、457クラブが活動している。

②**幼年消防クラブ**…幼稚園、保育園の園児らでつくる組織。2022年4月1日現在、45クラブが結成されている。

③**少年消防クラブ**…2022年4月1日現在、15クラブが結成されている。10歳〜15歳の少年少女により地域や学校を単位に結成。消防署の訪問や防災教室に参加したり、地域に防火標語板を設置したりと、さまざまな活動に取り組んでいる。
問／消防局予防課
TEL022-234-1111

●自主防災活動の手引き（令和2年3月改訂）

自主防災組織の活動支援を目的に作成。自主防災活動について分かりやすく紹介するとともに、効果的に活動するためのポイントを解説している。各町内会に配布している他、仙台市のウェブサイトからダウンロードできる。
問／危機管理局減災推進課
TEL022-214-3109

住まいの地震対策

■仙台市戸建木造住宅耐震診断支援事業

一定の条件を満たす戸建木造住宅の所有者が診断支援を申し込むと、仙台市が耐震診断士を派遣し、診断・改修計画案の策定を行う（自己負担額は税込み1万7600円）。

●対象となる建築物…次の条件全てに該当するもの。

①1981年5月31日以前に建築確認を受けて着工したもの
②個人所有の戸建木造住宅(在来軸組構法)
③2階建て以下
※一部混構造のもの、中2階があるものなどは診断できない場合がある

問／青葉区街並み形成課
　　TEL022-225-7211
　　宮城野区街並み形成課
　　TEL022-291-2111
　　若林区街並み形成課
　　TEL022-282-1111
　　太白区街並み形成課
　　TEL022-247-1111
　　泉区街並み形成課
　　TEL022-372-3111

■仙台市戸建木造住宅耐震改修工事補助金交付事業

仙台市の耐震診断支援事業を活用した結果、耐震改修工事が必要と判断された建築物の所有者に対し、工事費用の一部を補助する。工事着手前に申し込みを。

●対象となる建築物…1981年5月31日以前に建築確認を受けて着工した2階建て以下の木造の個人住宅で「耐震診断（仙台市戸建木造住宅耐震診断支援事業）」の結果、「上部構造評点が1.0未満のもの」または「地盤・基礎に重大な注意事項があるもの」

問／青葉区街並み形成課
　　TEL022-225-7211
　　宮城野区街並み形成課
　　TEL022-291-2111
　　若林区街並み形成課
　　TEL022-282-1111
　　太白区街並み形成課
　　TEL022-247-1111
　　泉区街並み形成課
　　TEL022-372-3111

■木造住宅耐震化相談会

耐震診断士による木造住宅の耐震化に関する相談会。例年6〜12月に毎月1回実施している。日程や場所は、仙台市のウェブサイトで公開している。相談費用は無料で複数回相談することも可能。予約して来場を。

問／青葉区街並み形成課
　　TEL022-225-7211
　　宮城野区街並み形成課
　　TEL022-291-2111
　　若林区街並み形成課
　　TEL022-282-1111
　　太白区街並み形成課
　　TEL022-247-1111
　　泉区街並み形成課
　　TEL022-372-3111

■仙台市木造共同住宅耐震診断促進事業

長屋、寄宿舎、下宿などを含む2階建て以下の木造共同住宅が対象で一部店舗なども可。申し込むと仙台市が耐震診断士を派遣し、簡易診断を行う（自己負担額は税込み4950円）。

●対象となる建築物…1981年5月31日以前に建築確認を受けて着工した木造在来軸組構法の共同住宅

問／青葉区街並み形成課
　　TEL022-225-7211
　　宮城野区街並み形成課
　　TEL022-291-2111
　　若林区街並み形成課
　　TEL022-282-1111
　　太白区街並み形成課
　　TEL022-247-1111
　　泉区街並み形成課
　　TEL022-372-3111

■仙台市宅地防災工事資金融資

宅地における防災工事に必要な資金の調達が困難な方に金融機関から必要な資金を融資する。

●対象…仙台市に住所があり、かつ所有している宅地で以下の項目に該当する方①宅地造

成等規制法、急傾斜地の崩壊による災害の防止に関する法律、建築基準法に基づき、勧告又は改善命令を受けた方で、住宅金融支援機構の宅地防災工事資金の融資が決定しており、必要資金に不足が生じた方②災害対策基本法に基づき、指示を受けた方③その他、償還能力がある方など

●融資額…上記対象となる方の①に該当する方は200万円、②に該当する方は300万円

問／宅地保全課 TEL022-214-8450

■仙台市宅地災害の復旧工事に関する補助金

自然災害で被災した宅地の「のり面の整形及び保護」、「排水施設の設置」、「土地の整地（切土・盛土又は堆積土砂の排土）」、「擁壁の設置」などの復旧工事に対して助成する。申請は災害発生時より6カ月以内、上限額は2000万円。法律に違反して造成された宅地や崖の高さが2㍍未満の宅地、法人が所有する宅地、宅地造成を業とする方で被災宅地の住宅に居住していない方などは、補助金交付の対象とならない場合がある。

●対象…宅地が下記のいずれかにより被災された方

①災害救助法が適用された自然災害
②雨量1時間当たり55㍉、1日当たり200㍉、総雨量300㍉のいずれかを超える降雨

●補助金額など…補助金対象工事に要する費用から、下記の融資制度における限度額を控除した額に10分の8を乗じた額。

①住宅金融支援機構による宅地防災工事融資(1190万円または工事費のいずれか低い額)
②住宅金融支援機構による災害復興住宅融資のうち整地資金(450万円)

●宅地擁壁の支援制度

2022年3月に創設された。老朽化した擁壁や被災した擁壁の改修工事費の一部を助成する。

・専門家派遣制度

専門家が宅地擁壁の現地調査等を実施の上、改修計画案や概算工事費などを提案し、技術的な課題について無料で助言を行う。

○**対象**…高さ2㍍以上で、2006年の宅地造成等規制法改正前に造られた擁壁（一定程度の変状があり、危険性が確認された場合は、同法改正以降に造られた擁壁であっても対象となる可能性がある）の所有者または所有者から承諾を得ている方。

・安全対策工事に係る助成金制度

老朽化した宅地擁壁や自然災害により被災した宅地擁壁を造り直す工事を行う「恒久対策」と、二次災害に備えた「応急対策」（被災擁壁の撤去や土嚢、ブルーシートの設置等）に係る費用の一部を助成する。

○**対象・助成額**
<恒久対策>高さ2㍍以上で、2006年の宅地造成等規制法改正前に造られた擁壁（一定程度の変状があり、危険性が確認された場合は、同法改正以降に造られた擁壁であっても対象となる可能性有り）の所有者または所有者から承諾を得ている方…工事費用の100万円を超えた金額の3分の1(上限200万円)
<応急対策>高さ2㍍以上で、自然災害により被災した擁壁の所有者または所有者から承諾を得ている方…工事費用の2分の1(上限60万円)
問／都市整備局宅地保全課
　　TEL022-214-8450

第、受付を終了するため早めに相談を。

○**基準**…植栽延長が5㍍以上または植栽延長1㍍以上の複数の生け垣の総延長が5㍍以上・植栽時の樹高が0.6㍍以上・樹木の本数が1㍍当たり2本以上・構造物の内側に生け垣を設置する場合は構造物の高さが50㌢以下・生け垣とフェンスを併用する場合は、道路から生け垣が視認可能（遮へい率50％未満）な物にすること。

○**助成額**…生け垣の設置については、費用の2分の1の額と、植栽する樹木の本数に2500円を乗じた額を比較して、いずれか少ない方の額（上限15万円）。ブロック塀等の撤去については、助成対象の生け垣を植栽するため撤去するブロック塀等の撤去費用（ブロック塀等の面積1平方㍍当たり4000円を限度とし、上限15万円）。
問／青葉区街並み形成課
　　TEL022-225-7211
　　宮城野区街並み形成課
　　TEL022-291-2111
　　若林区街並み形成課
　　TEL022-282-1111
　　太白区街並み形成課
　　TEL022-247-1111
　　泉区街並み形成課
　　TEL022-372-3111

■仙台市分譲マンション耐震予備診断支援事業

分譲マンション（木造・鉄骨造は対象外）の管理組合が申し込むと、仙台市が耐震診断技術者を派遣し、耐震診断の必要性を診断する「耐震予備診断」を行う（自己負担額は税込み2万4200円）。

○**対象となる分譲マンション**…1981年5月31日以前に建築確認を受けて着工した2以上の区分所有者が存する建物で、居住の用に供する専有部分の面積が延べ面積の2分の1を超えているもの。耐火建築物または準耐火建

---

③仙台市宅地防災工事資金融資（200万円または300万円）
問／宅地保全課 TEL022-214-8450

■仙台市ブロック塀等除却工事補助金交付事業

公道など(国道、県道、市道、小学校の指定通学路)に沿って設けられた、ぐらつきや傾きなどあり、倒壊の危険性が高く、仙台市が危険と判断した早急に除却する必要があるブロック塀などの除却費用の一部を補助する。工事着手前に申請を。
問／青葉区街並み形成課
　　TEL022 225 7211
　　宮城野区街並み形成課
　　TEL022-291-2111

若林区街並み形成課
TEL022-282-1111
太白区街並み形成課
TEL022-247-1111
泉区街並み形成課
TEL022-372-3111

■生垣づくり助成事業

市内の市街化区域内で道路から容易に視認できる奥行き10㍍以内の場所（隣接境界を除く）に生け垣をつくろうとする個人や事業者が対象。道路から奥行き1㍍以内にある高さ1㍍以上（擁壁上の場合は60㌢以上）のブロック塀などを撤去して生け垣をつくる場合は、撤去に係る費用についても助成対象となる。当年度の予算の範囲内での助成で予算が無くなり次

●仙台市版・わが家と地域の防災対策チェックシート

仙台市では各家庭でできる災害への備えを図やイラストとともに分かりやすく解説するさまざまな資料を公開。市のウェブサイトからダウンロードして家族で話し合いながら記入し、防災・減災に役立てることができる。

■わが家の避難計画「マイ・タイムライン」

「マイ・タイムライン」とは家族構成や生活環境に合わせ、あらかじめ作成する一人一人の避難計画のこと（P36に関連記事）。家族ごとに事前準備・確認したい内容や注意点、避難する場所、避難開始のタイミング、家族それぞれの必需品などを書き込める。

■わが家と地域の防災チェック表（第4版）

「自宅や家の周りの安全確認」「家庭内での食料・水などの備え」「家族の安否や避難場所の確認など」「地域での備えや助け合い」のテーマ別に、災害に対する備えを総点検できる。

■避難所運営マニュアルマニュアルシート集

避難所運営の各種活動について、種別ごとに具体的な事項をまとめたチェック式のシート。避難所に集まる全ての人が共有し、役割を分担できるようになっている。

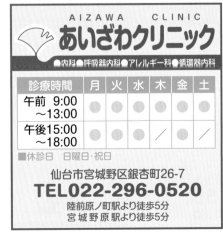

築物であるもの。
問／一般社団法人宮城県建築士事務所協会
　　TEL022-223-7330
　　都市整備局住宅政策課
　　TEL022-214-8306

■仙台市分譲マンション耐震精密診断補助金交付事業

分譲マンションの管理組合が実施する耐震精密診断に要する費用の一部を補助する。補助金交付申請に当たっては事前相談が必要。

○対象となる分譲マンション…仙台市分譲マンション耐震予備診断支援事業と同じ
問／都市整備局住宅政策課
　　TEL022-214-8306

■仙台市分譲マンション耐震改修工事補助金交付事業

耐震精密診断の結果、倒壊の危険があると判断された分譲マンションの管理組合が実施する耐震改修工事に要する費用の一部を補助する。補助金交付申請に当たっては事前相談が必要。

○対象となる分譲マンション…仙台市分譲マンション耐震予備診断支援事業と同じ
問／都市整備局住宅政策課
　　TEL022-214-8306

■杜の都防災力向上マンション認定制度

マンションにおける防災活動のさらなる充実や建物性能の向上を目的に、マンションの防災力を「防災活動」または「防災性能」の項目で評価し、仙台市が独自に認定する制度。「防災活動」と「防災性能」は、それぞれ一つ星認定から取得が可能。全ての項目に取り組むと、最大六つ星（それぞれ最大三つ星）となる。認定さ

れたマンションには、認定マークを交付するとともに、市のウェブサイトで公開する。申請に当たっては事前協議が必要。
問／都市整備局住宅政策課
　　TEL022-214-8306

■仙台市分譲マンション耐震化相談員派遣事業

分譲マンションの耐震化に取り組む管理組合に対して、仙台市が専門の相談員を派遣し、適切な助言や情報の提供などを行う。費用の自己負担はなし。派遣限度回数は一つの管理組合に対して5回。

○対象となる分譲マンション…仙台市分譲マンション耐震予備診断支援事業と同じ
問／都市整備局住宅政策課
　　TEL022-214-8306

■仙台市マンション防災マニュアル作成支援専門家派遣事業

防災マニュアルの作成に取り組む管理組合に対して、仙台市が専門家を派遣し、適切な助言や情報の提供を行う。費用の自己負担はなし。派遣限度回数は一つの管理組合に対して5回。
問／都市整備局住宅政策課
　　TEL022-214-8306

仙台市総合消防情報システム

2018年から運用を開始。年間約7万件の通報を受け付け、多種多様な災害に応じた通信指令の業務を支援するために情報支援端末やGPS（全地球測位システム）を装備し、消防車両の出場から現場到着までの時間短縮、部隊の

消防指令センター

動態管理機能を強化している。

また各消防車両には災害発生時の通報場所および現場へ向かうまでのルート、他の車両の位置や支援情報（道路の通行障害の有無、消防水利等の各種情報）を表示する車載端末を整備。指揮隊（災害現場で活動を指揮する隊）には携帯型端末装置を配備し、支援情報受信、建物情報の収集などにより、災害現場での活動支援と情報収集機能を強化している。

＜通報から活動終了までの流れ＞

❶**通報の受付**…固定電話やIP電話、携帯電話からの119番通報受付と同時に、通報者付近の地図が瞬時に指令台に表示される。

❷**災害種別・場所の決定**…通報内容から、災害の種別や出場場所を決定。通報内容を聴取しながら合成音声により自動的に予告指令を行い、出場隊が準備を開始する。

❸**出場隊の編成**…災害情報をもとに、出場隊を自動で編成する。

●仙台市消防局SNS
（Facebook・Twitter・Instagram）

火災予防、応急手当等の救急活動に関する情報、消防に関するイベント情報、消防局の活動などを発信するよ！

問／消防局管理課
　　TEL022-234-1111

レスキューまさむね君
（協力：伊達家伯記念會）

Facebook
@仙台市消防局

Twitter
@sendai_shobo

Instagram
@sendai.shobo

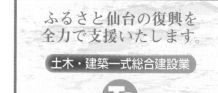

④**出場指令**…出場指令を行い、指令書・活動支援端末に災害地点や指令内容を表示する。出場指令を受け、出場隊は災害現場へ向かう。

⑤**支援情報**…出場した各隊に災害対応に必要な情報を随時提供することにより現場活動の支援を行う。

⑥**現場活動**…各種支援情報の送信や、無線による現場状況確認および指示伝達を行う。現場活動隊は支援情報をもとに安全・迅速・的確に活動する。

⑦**活動報告**…活動終了後、出場隊は署所の業務系システム端末から活動の報告を行う。

問／消防局指令課
　　TEL022-234-1111

消防局の消防車両

●仙台市防災・減災のまち推進条例

　防災に関する意識の醸成を図るため、2017年3月11日に施行された。この条例は、災害から市民の生命や身体、財産を守るための防災力および減災力の向上を図ることを目的とし、防災および減災の推進に係る基本理念や、市をはじめ市民や地域団体などの役割を定めたもの。

防災・減災関連行事、防災への普及・啓発

■仙台市総合防災訓練

　仙台市では「1978年宮城県沖地震」のあった6月12日を「市民防災の日」と定め、毎年「総合防災訓練」を実施している。各自で身体保護訓練（シェイクアウト訓練）や日頃の自助の取り組み再確認など、広く市民が参加できる市民参加型訓練と防災関係機関の連携による実動訓練を行う。なお各地区の総合防災訓練は9月の「防災・減災強化月間」を中心とした日に行っている。

問／危機管理局減災推進課
　　TEL022-214-3109

■せんだい防災のひろば

　仙台市が主催し、楽しみながら防災・減災について学べるイベント。2022年度は新型コロナウイルス感染拡大防止のため中止された。例年「はしご車」の体験搭乗をはじめとする多彩な体験や仙台市消防音楽隊による演奏といったステージ、各種団体による防災に関する取り組みのパネル展示などが行われている。

問／危機管理局減災推進課
　　TEL022-214-3109

■防災シンポジウム・災害に強いコミュニティーのための市民フォーラム

　これからの地域防災について市民と一緒に考えることを目的に、毎年3月ごろに開催している。有識者による防災基調講演やワンポイント防災セミナー（防災活動事例の発表）、参加型の救護の達人コンテスト、町内会・市民活動団体等によるパネル展示など盛りだくさんの内容となっている。

問／危機管理局減災推進課
　　TEL022-214-3109

■仙台市消防音楽隊

楽天イーグルス優勝パレードの様子(2013年11月24日撮影)

　防火防災意識の普及啓発を目的に1959年4月に発足。95年にはカラーガード隊「グリーン・ジュエルズSENDAI」も加わり、華やかな演技を取り入れた効果的な市政広報を行っている。編成する隊員は現在、隊長以下32人。「定期演奏会」開催のほか、「消防出初式」などの消防関係行事や各区民まつりのような市内各区の催し、七夕まつりなどの伝統的行事にも出場している。

問／消防局総務課 TEL022-234-1111

■市政出前講座

　仙台市では仙台市の政策や事業について担当課の職員が直接出向いて説明する「市政出前講座」を実施。市政に関する122テーマのうち10テーマが消防・防災に関するもの。

○**対象**…仙台市内に在住、勤務、在学するおおむね20人以上の参加が見込まれる団体、グループ

○**開催日時**…平日午前10時～午後5時の間で、1時間～1時間30分程度。業務等による都合で、日程を調整する場合がある。

○**会場**…仙台市内

○**費用**…講師料、講師交通費、資料代などはかからないが、会場は申し込み団体で用意する。会場使用料等がかかる場合は、申し込み団体が負担する。

○**主な内容（テーマ番号）／講師担当課**
□「119番通報の現状 (5-1)」
　／消防局指令課
□「家庭における火災予防 (5-2)」
　／消防局予防課
□「職場における火災予防 (5-3)」
　／消防局予防課
□「自主防災組織の活動 (5-4)」
　／危機管理局減災推進課
□「家庭等における地震対策 (5-5)」
　／危機管理局減災推進課、消防局予防課
□「洪水・土砂災害対策 (5-6)」
　／危機管理局減災推進課
□「避難所の機能 (5-7)」
　／危機管理局防災計画課・減災推進課、環境局地球温暖化対策推進課
□「わが家の耐震診断 (5-8)」
　／都市整備局建築指導課、各区街並み形成課
□「わが家の宅地点検 (5-9)」
　／都市整備局宅地保全課
□「みんなで取り組む水の確保 (5-10)」
　／水道局水道危機管理室
申込・問／市民局広聴課
　　　　　TEL022-214-6132

三神峯公園（広域避難場所）

　500本の桜の木がある桜の名所として知られています。公園内には、広々とした芝生広場があり、楽しげに遊ぶ子どもたちの微笑ましい姿に出会えます。広場の入口付近のマツ林は優しい緑陰をつくり、涼を求める人々が訪れます。また、三神峯公園は、縄文時代の大規模な集落の遺跡や、旧陸軍幼年学校跡地の記念碑があることでも知られており、一年を通して仙台市民の憩いの場になっています。

仙台市太白区三神峯一丁目1外
問／太白区役所公園課 TEL022-247-1111

■防火、防災DVDの貸し出し

仙台市消防局では町内会や子ども会、事業所、各種団体などに防火、防災DVDを貸し出している。アニメのキャラクターたちが防火意識を解説してくれる子ども向けのものからドラマ仕立てで幅広い世代にアピールするもの、事業所を対象にした内容もある。1本当たりの視聴時間は10～90分程度。貸し出し期限は最長5日間で、1回3本まで。
問／消防局予防課
　　TEL022-234-1111

■せんだい災害VR

体験型の防災学習。地域や各種団体の防災研修会などに市の委託事業者（仙台市防災安全協会）スタッフを派遣し、VR（バーチャルリアリティー）による災害の疑似体験ができる。映像体験後は、各種災害に対する備えや具体的な対応方法等を説明する。利用可能日は水・木・土・日曜で仙台市内の学校、集会所、市民センター、事業所等の屋内で利用可（屋外は不可）。派遣費用は無料。会場にかかる費用（駐車料金、電気使用料等）が必要な場合は、利用する団体が負担する。

○**対象**…小学1年生以上10名以上の各種団体（学校、町内会、任意団体、事業所等が利用可、個人利用は不可）

○**利用方法**…①利用希望日の90日前～3週間前に、受付専用ダイヤル（TEL022-347-3153）で申し込む。申し込み受け付けは祝日・年末年始を除く火・金曜9:00～16:30　②受付専用ダイヤルで申し込み後、利用日の10日前までに郵送またはファクス専用ダイヤル（FAX022-347-3154）で利用申請書を提出

○VRの種類と体験を通じた防災学習の内容（全体の所要時間）

□地震災害編…日頃からの備えとして家具の転倒防止や備蓄食料等について知り、避難行動の重要性を学ぶ（約20分）。

□津波災害編…仙台市が発行する「津波からの避難の手引き」を基に、日頃からの備えや避難時の心構えについて学ぶ（約20分）。

□洪水・土砂災害編…ハザードマップの見方やマイ・タイムラインの作成方法を知り、日頃から準備するべきことや、台風や大雨時の避難の注意点について学ぶ（約50分）。

□内水氾濫編…内水ハザードマップの見方や浸水時の注意点等を知り、日頃からの浸水への備えについて学ぶ（約20分）。
問／危機管理局減災推進課
　　TEL022-214-3109

●仙台市防災・減災アドバイザー

2003年5月に地震の備えに関する、普及啓発を専門とする地震災害対策強化担当として配置された「仙台市地震防災アドバイザー」が前身。東日本大震災や関東・東北豪雨の発生などの教訓から、18年4月からは「仙台市防災・減災アドバイザー」として地震のみならず大雨による洪水や土砂災害、津波など、あらゆる災害への備えを発信している。
問／危機管理局減災推進課 TEL022-214-3109

○おりはらアドバイザーの3分間防災ちゃんねる

2020年4月から6代目仙台市防災・減災アドバイザーを務める折腹久直さんが仙台市公式動画チャンネル「せんだいTube」から発信する"いつでも、どこでも、手軽に楽しめる防災コンテンツ"。20年6月から、災害への備えを仙台市消防局のマスコットキャラクター・防災まさむね君らと共に、3分間で楽しく防災に関する取り組みについて伝えている。新作の更新情報は仙台市危機管理局Twitter（@sendai_kiki）で告知される。字幕付き。

これまで発信した主なコンテンツ

vol.4　避難所の備蓄食料★
　　　　作って食べてみた

vol.12　大解剖‼避難所パーティ
　　　　ションの組み立て方

vol.10　避難情報
　　　　⚠警戒レベル

vol.13　これが…プロの選ぶ非常持
　　　　ち出し袋というものだ…‼

vol.1	シェイクアウト訓練
vol.2	大雨避難withコロナ
vol.3	避難所のコロナ対策ver.SENDAI
vol.5	マイ・タイムライン(^^) 作ってみたぁぁ‼
vol.6	Protect your LIFE from TSUNAMI（津波から命を守る）
vol.6.5	グラッときたときの対応。 仙台市消防音楽隊と考えてみたぁ！
vol.7	コミ防資機材　試しに使ってみた♪
vol.8	東日本大震災から10年
vol.9	シェイクアウト訓練2021
vol.11	SBL～世界一の防災リーダー～

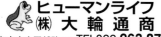

災害時相互応援
協定の締結自治体

●東北地区六都市災害時
　相互応援に関する協定
青森市、秋田市、盛岡市、山形市、福島市
主な協定内容
・被災都市の要請に応え、または要請を待た
ず相互に応援を行う

●災害時における宮城県市町村
　相互応援協定
宮城県、宮城県市長会、宮城県町村会
主な協定内容
・宮城県内市町村が災害時に相互に応援を行
い、県はその活動の支援を行う

●自治体防災情報ネットワーク
　連絡会加盟都市
　災害時相互応援に関する協定
釧路市、新潟市、東京都墨田区、静岡市、福井
市、島原市
主な協定内容
・被災都市の要請に応え、相互に救援協力、
応急対策および復旧活動を行う

●21大都市災害時相互応援に
　関する協定
札幌市、さいたま市、千葉市、東京都、川崎
市、横浜市、相模原市、新潟市、静岡市、浜松
市、名古屋市、京都市、大阪市、堺市、神戸市、
岡山市、広島市、北九州市、福岡市、熊本市
主な協定内容
・被災都市の要請に応え、相互に救援協力、
応急対策および復旧対策を行う

防災まさむね君
（協力：伊達家伯記念會）

 電話帳

仙台市
危機管理局危機管理課
TEL 022-214-8519
危機管理局危機対策課
TEL022-214-3049
危機管理局防災計画課
TEL022-214-3047
危機管理局減災推進課
TEL022-214-3109

消防
青葉消防署
TEL022-234-1121
宮城野消防署
TEL022-284-9211
若林消防署
TEL022-282-0119
太白消防署
TEL022-244-1119
泉消防署
TEL022-373-0119
宮城消防署
TEL022-392-8119

ライフライン
【電気（停電・緊急時用）】
東北電力ネットワーク
TEL0120-175-366
【ガス】
仙台市ガス局
お客さまセンター
TEL0800-800-8977
（フリーアクセス）
※時間外の緊急時
TEL022-256-2111
【水道（漏水など緊急時用）】
仙台市水道修繕受付センター
TEL022-304-3299
【下水道（下水道管の詰まり等）】
（青葉区・泉区）
仙台市下水道北管理センター
TEL022-373-0902
（宮城野区・若林区・太白区）
仙台市下水道南管理センター
TEL022-746-5061

ごみ収集
仙台市家庭ごみ減量課
ごみ
TEL022-214-8226
仙台市廃棄物企画課
し尿
TEL022-214-8231

交通
【一般道路】
仙台市道路保全課
TEL022-214-8381
【仙台市地下鉄・仙台市バス】
仙台市交通局
TEL022-224-5111

医療
おとな救急電話相談
TEL022-706-7119
宮城県こども夜間安心コール
TEL022-212-9390
宮城県休日・夜間診療案内
（電話自動音声・FAX）
TEL022-216-9960
【休日・夜間急患診療所】
仙台市北部急患診療所
TEL022-301-6611
仙台市急患センター
TEL022-266-6561
仙台市夜間休日こども急病診療所
TEL022-247-7035
広南休日内科小児科診療所
TEL022-248-5858
仙台歯科医師会
在宅訪問・障害者・休日夜間歯科診
療所
TEL022-261-7345

61

PICK UP | 雨に強いまちづくり 雨水排水施設を整備

　道路が舗装され雨水が地中に浸透しにくくなった都市部で近年、大雨時に排水が追いつかなくなってあふれ出る「内水氾濫」が問題になっている。仙台市では1986年8月の台風第10号による豪雨（8.5豪雨）で甚大な被害を被ったことを契機に整備水準の見直しを図り、雨水幹線や雨水ポンプ場、雨水調整池などを整備。また雨をゆっくりと流すための雨水流出抑制施設の導入促進として、設置費用の一部を助成している。

協力・問
仙台市建設局
下水道計画課
TEL022-214-8333

WEBサイト

雨水幹線

　地下に建設した下水道トンネルで雨水を排出する。2021年6月から26年度完了を目指して進められている「広瀬川第3雨水幹線工事」は地下鉄やJRなどの交通網が集中する仙台駅西口が対策の対象。仙台駅周辺と広瀬川を延べ約4.6㌔の下水道トンネルでつなぎ、排水機能を大幅にアップさせる。

大型掘削機による広瀬川第3雨水幹線工事

雨水ポンプ場

　雨水を河川に自然排水できない低地などに設け、強制的に雨水を排除する。2020年度には若林区大和町などの浸水対策を目的に、原町東部雨水幹線の整備を進めるとともに雨水を七北田川へ放流する「鶴巻ポンプ場」が増設された。

鶴巻ポンプ場（増設棟）

雨水調整池

　下水道管に一気に流れ込むのを防ぐため、雨水を一時的に貯水する。仙台駅東口では榴岡小学校周辺の浸水被害を軽減するため、2013年に榴岡小学校内に「榴岡第1雨水調整池」、17年には榴ケ岡の公園内に「榴岡第2雨水調整池」が整備された。

雨水流出抑制施設（雨水浸透ます、雨水貯留タンク）への助成

雨をゆっくりと流すための雨水流出抑制施設を設置する方に予算の範囲内で補助金を交付する。補助対象区域に建物を所有または建築予定の方で、市税の滞納がない方が対象。　　問／仙台市建設局業務課 TEL022-748-0585

●雨水浸透ます
　屋根に降った雨をゆっくりと地面の中にしみ込ませ地下水として蓄えることで都市型浸水の軽減、合流式下水道の改善、河川水量の回復などが期待できる。設置工事は仙台市公認排水設備業者（公認店）のみ可能。申請手続きは事前に公認店に問い合わせを。
○**補助対象と金額**…4基まで工事費相当額を助成。新築の場合の補助上限額は、内径が150〜250㍉の場合1基当たり1万2000円まで、250〜300㍉の場合1基当たり1万2500円まで、300〜350㍉の場合は1基当たり1万5000円まで（改築時の場合は金額が異なる）。

●雨水貯留タンク
　雨水をためて庭への水まきなどに活用することで、水道代節約ができるほか、災害時用水などに使うことができる。設置前の状況を確認する必要があるため購入前に問い合わせを。
○**補助対象と金額**…貯留容量80㍑以上のもの1個まで材料費相当額の2分の1を助成（風呂おけなど密閉できない構造は対象外）。貯留タンクの補助上限額は1万円まで（雨水浸透ますと同時に設置する場合は上限額が異なる）。

石巻エリア

64 ▶ 67 　 石 巻 市

68 ▶ 69 　 東 松 島 市

70 　 女 川 町

石巻市

危機対策課
TEL0225-95-1111

WEBサイト

公式SNS　Facebook (@IshiSaigai)　Twitter (@IshiSaigai)

災害情報の伝達

　石巻市は防災行政無線、市災害情報メール配信サービス（事前登録が必要）で災害に関する情報を知らせている。テレビやラジオのほかにさまざまな手段で情報を入手してほしい。
問／市危機対策課
　　TEL0225-95-1111（内線4310）

災害情報メール配信サービス

　近年の災害発生増加を踏まえ、市民の安全確保および不安の解消を図ることを目的としたサービス。地震・気象などに関する特別警報、災害・避難情報をメールおよびライン、Facebook、Twitterで配信する。
＜登録方法＞
　t-ishinomaki@sg-p.jpへ空メールを送信するか、ラインで公式アカウント「石巻市」を友だち登録する。

◄メール登録用QR

◄ライン登録用QR

＜配信内容＞
　避難勧告などの、災害時の緊急的な情報。配信は本庁、河北、雄勝、河南、桃生、北上、牡鹿の7地区ごとに実施。
＜注意＞
　登録は無料だが、通信料は利用者の負担。

問／市危機対策課
　　TEL0225-95-1111（内線4310）

災害情報テレホンサービス

　防災行政無線が「聞こえない」「聞こえづらい」といった状況に早急に対応するためのサービス。緊急時、下記の番号に電話をかけると利用できる。
TEL0180-992-506
「きんきゅうにコール」と暗記を！
＜テレホン内容＞
　防災行政無線で広報した、災害時などの緊急的な情報。
＜注意＞
　通話料は利用者負担。
問／市危機対策課
　　TEL0225-95-1111（内線4310）

防災ラジオ

　津波に関する警報・注意報や、気象に関する特別警報などの避難が必要な緊急情報を、ラジオ石巻（石巻コミュニティーFM）の電波を利用して放送する。聞き漏らすことのないように停電時でも自動起動して大音量で放送されるため、特に夜間、深夜帯の情報取得手段として有

■災害情報配信内容

気象情報

種別	種類	発表
気象・警報	大雨、洪水、高潮	発表・解除
気象・特別警報	大雨、暴風、暴風雪、大雪、波浪、高潮	発表・解除
土砂	土砂災害警戒情報	発表・解除
地震	震度5弱以上	発生
津波	津波注意報、津波警報、津波特別警報	発表・継続・解除

災害情報など

種別			種類	
その他	避難所開設情報	ライフライン情報	災害に関する手続き
	新型感染症情報	訓練情報	道路冠水情報
	踏切遮断情報	大雨土砂災害情報	

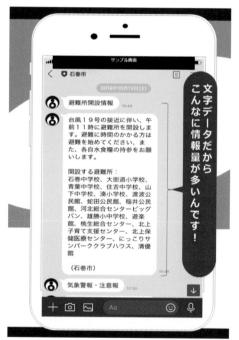

災害情報メール配信イメージ

◀津波避難タワー

▶防災センター　　石巻市提供

効だ。防災ラジオは市内在住者を対象に無償配布している（在庫がなくなり次第終了）。

<特徴>
・ラジオ石巻を受信できない場所では使用不可。事前に受信状況の確認を。
・全国瞬時警報システム（通称「Jアラート」）および市から避難指示などが発令されると、ラジオを聞いていない状態でも自動で電源が入るため、確実に情報を取得できる。
※一般的な市販のラジオでも、ラジオ石巻受信中であれば聞くことが可能。

防災ラジオ

<放送内容>
・防災行政無線のうち避難勧告、避難指示などの緊急放送。
・Jアラートのうち津波情報、特別気象情報、テロなどの国民保護情報。
※戸別受信機とは異なるため、時報や地域の火災情報などを聞くことは不可。

<無償配布について>
配布場所／市危機対策課（防災センター）、各総合支所、各支所
配布対象／市内在住者
　　配布方法／
　　・新規希望者（原則1世帯1台）
　　…上記配布場所にマイナンバーカード、運転免許証、健康保険証など住所の確認できるものを持参し、申請書を記入。その場でラジオを受け取れる。
　　・既購入者および受領者で不具合による交換を申し出る人
　　…配布場所に不具合が発生したラジオを持参すれば、その場で交換できる。

<テスト放送>
防災ラジオが正常に自動起動するか確認するため、月1回テスト放送を実施している。予定日は市のウェブサイトで確認を。
問／市危機対策課
　　TEL0225-95-1111（内線4312）

石巻市災害時備蓄計画
この計画に基づき、石巻市、市民、事業所などが協力し合い、必要な物資を備蓄している。市民自らが食糧などの物資を備蓄することを基本としているが、市でも非常用持出品を持ち出せなかった避難者などのために、食糧や飲料水、災害応急対策に必要な最低限の資機材を備蓄している。
問／市危機対策課
　　TEL0225-95-1111（内線4309）

津波避難タワー・津波避難ビル
沿岸部において、津波浸水域外への避難が遅れた市民の安全を確保するため、4基の津波避難タワーを整備し、民間施設を含めた36カ所の施設を津波避難ビルに指定している。

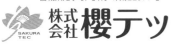

<津波避難タワー>
①大宮町津波避難タワー
②魚町一丁目津波避難タワー
③魚町三丁目津波避難タワー
④西浜町津波避難タワー
<津波避難ビル>
①大興水産
②サービス付高齢者住宅 はなことば石巻
③宮城エキスプレス
④東海カーボン
⑤日野測量設計
⑥社会福祉法人石巻祥心会フェイシス
⑦石巻港湾合同庁舎
⑧阿部勝自動車工業
⑨上野総建
⑩社会福祉法人みやぎ会特別養護老人ホーム
　はしうら
⑪湊水産
⑫アムズガーデン石巻湊店
⑬市営吉野町復興住宅
⑭市営黄金浜第一復興住宅
⑮市営大街道西第二復興住宅
⑯市営大街道北復興住宅
⑰市営黄金浜第二復興住宅
⑱市営中里一丁目復興住宅
⑲市営中央第二復興住宅
⑳市営駅前北通り復興住宅
㉑市営不動町復興住宅
㉒市営筒場復興住宅
㉓市営新沼復興住宅

㉔協業組合石巻廃棄物処理センター
㉕市営中央第三復興住宅
㉖市営大門町復興住宅
㉗市営湊町復興住宅
㉘市営門脇東復興住宅
㉙市営新館復興住宅
㉚市営三ツ股第二復興住宅
㉛市営門脇西復興住宅
㉜石巻市水産総合振興センター
㉝市営大街道東第二復興住宅
㉞盛信冷凍庫 第二冷蔵工場
㉟石巻市消防団釜・大街道班ポンプ置場
㊱デュオヒルズ石巻マークス
問／市危機対策課
　　TEL0225-95-1111（内線4309）

防災センター

　防災センターは東日本大震災の教訓を踏まえ、大規模災害における災害対策本部の体制整備強化を図るため、市庁舎および各防災関係機関と連携し、迅速な防災対策を行う機能を有した防災拠点施設。平常時は防災に関する情報の収集・分析、防災関係業務を行うほか、防災機能を活用した啓発活動、防災教育の開催、震災の記憶を風化させないための震災アーカイブの展示など、職員や防災関係機関だけでなく日常的に防災に関し、市民や自主防災組織も参加できる施設として活用する。
石巻市穀町12-1

開／9:00～21:00
休／年末年始（12月28日から1月3日まで）
問／市危機対策課
　　TEL0225-95-1111（内線4309）

避難行動要支援者支援制度

　災害発生時、自ら避難することが困難な方の安否確認や避難支援を迅速に行うため、町内会や自主防災組織、行政区などによる「支援体制づくり」を推進している。
<避難行動要支援者の対象になる人>
　下記に該当する在宅者のうち、災害発生時などに災害情報の入手が困難な人、自力または家族の支援だけでは避難することができない人で、地域による支援を必要とする人。登録を希望する場合は、各地区担当の民生委員に相談を。
・高齢者
　（一人暮らしまたは高齢者のみの世帯）
・障害者手帳所持者
・要介護認定者など
問／市保健福祉総務課
　　TEL0225-95-1111（内線2459）

消防団員募集中

　石巻市消防団では随時、消防団員を募集している。市内に在住または通学、勤務している18歳以上なら学生、女性を含め誰でも入団で

2019年度石巻市消防団消防演習

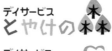

きる。

＜仕事内容＞

火災をはじめ地震、風水害の災害時に救助、救出、警戒巡視、避難誘導。さらに、出初め式や川開きの警備、消防演習、水防訓練など。

＜入団後の処遇＞

・非常勤の特別職
・報酬などの支給
（石巻市消防団条例による）
・5年以上勤務して退団した場合、勤務年数や階級に応じて退職報償金が支給される
・公務災害補償
（消防活動中のけがなどの補償）
・消防活動に必要な被服の貸与
・各種表彰制度
問／市危機対策課
　　TEL0225-95-1111（内線4324）

「木造住宅耐震診断」事業

木造住宅に耐震診断士を派遣して耐震診断を行い、耐震対策を支援する。

＜対象建築物＞

次の条件を全て満たすこと。
・建物
在来軸組み工法による個人住宅（一部店舗など併用住宅、二世帯住宅は含むが、構造が丸太組構法およびプレハブ構造の住宅や用途がアパート、長屋は対象外）
・規模
3階建て以下
・建築時期
1981年5月31日以前に着工されたもの
（1981年以降に増築された住宅についても対象になる場合があるため、まずは相談を）

＜申込方法＞

対象建築物であることが確認できる書類（建築確認通知書、登記簿謄本など）、印鑑を持参。「固定資産税・都市計画税納税通知書」でも確認できる。

＜診断士派遣費用＞

申請者負担無料。
※結果により作成された耐震改修計画に基づいて耐震改修工事を実施する場合、「耐震改修工事助成補助金」の対象となる

＜調査＞

診断日は派遣する診断士から連絡する。

＜受付期間＞

2022年12月2日まで。
問／市建築指導課
　　TEL0225-95-1111
　　（内線5678、5679）

危険ブロック塀など除却事業

地震発生時のブロック塀などの倒壊による事故を未然に防止する事業。危険度の高いブロック塀などを除却して安全を確保する場合、除却費用を一定額助成する。

この助成金を活用してブロック塀を除却した場合、跡地に軽量の塀（生け垣、フェンス、板塀）などを設置する際にも設置費の一部を助成する。

＜対象＞

次の条件全てに該当するコンクリートブロック造、石造、れんが造、そのほかの組積造の塀ならびに門柱の除却費用。
・道路に面しているブロック塀など（隣家との境界や敷地内の通路に面しているものなどは対象外）
・道路からの高さ1㍍（擁壁上の場合は0.4㍍）以上のもの
・市が実施する判定調査の結果、改修が必要と認められたもの
・対象となるブロック塀などが現存していること（既に除却した場合は対象外）
・道路面からの高さ50㌢以下となるように除却すること

＜補助金額＞

1㍍当たり8万円、または除却費用の3分の

2を乗じて算定した額のいずれか低い額（限度額30万円）。

＜フェンスなど設置補助＞

この助成金を活用してブロック塀などを除却した跡地に軽量のフェンスなどを設置する場合、次の条件のいずれかに該当する設置費用が対象。

■条件

・生け垣を設置する場合は、1㍍以上の苗木を用いて50㌢以下の間隔で植栽し、支柱などにより適切に固定するもの
・アルミフェンスなどを設置する場合は、基礎を設置するなどして適切に固定するもの
※面している道路の幅員が4㍍に満たない場合、当分の間道路後退を行わない場合に限り、除去のみを補助の対象とする

■補助金額

設置費用の3分の2以内で、設置延長に8万円を乗じた額のいずれか低い額（限度額10万円）。

＜申込期間＞

2023年3月31日まで。
※期日までに確定通知が出せるものに限る
問／市建築指導課
　　TEL0225-95-1111
　　（内線5678、5679）

 災害時相互応援協定の締結自治体

宮城県、東松島市、大崎市、女川町、湯沢市、酒田市、新庄市、山形県河北町、茨城県ひたちなか市、東京都中央区・葛飾区・狛江市、神奈川県平塚市、徳島県藍住町、香川県丸亀市、熊本県八代市、兵庫県芦屋市、山口県萩市、長野県諏訪市、新潟県柏崎市

主な協定内容

・食料などの支援物資提供
・緊急時の職員派遣
・被災住民の受け入れ
・応急給水　ほか

 電話帳

石巻市
危機対策課、保健福祉総務課、建築指導課
TEL0225-95-1111
警察
石巻警察署
TEL0225-95-4141
河北警察署
TEL0225-62-3411
消防
石巻地区広域行政事務組合
消防本部
TEL0225-95-7111
石巻消防署
TEL0225-95-7112

ライフライン
【電気（停電・緊急時用）】
東北電力ネットワーク
TEL0120-175-366
【上水道】
石巻地方広域水道企業団
TEL0225-95-6713
【下水道】
石巻市下水道建設課
TEL0225-95-1111
【医療（救急告示医療機関）】
石巻市立病院
TEL0225-25-5555
石巻赤十字病院
TEL0225-21-7220
齋藤病院
TEL0225-96-3251
石巻市立牡鹿病院
TEL0225-45-3185
【海の事故】
石巻海上保安署
TEL0225-22-8088

東松島市

防災課
TEL0225-82-1111

毎月11日は「市民防災の日（市民防災デー）」

東松島市自主防災組織連絡協議会は、毎月11日を「市民防災の日」と定めている。「食料、飲料水等の備蓄品の確認」など、その月ごとにテーマを設定。各自主防災組織が管内の家庭に対し、避難所や避難場所、備蓄品、非常用持ち出し品などの確認を呼び掛ける。
問／市防災課 TEL0225-82-1111

東松島市メール配信サービス

東松島市では市民サービスの向上を目指し、防災情報や防犯情報、生活情報などの伝達手段として携帯電話へのメール配信システムを運用している。
＜配信内容＞
市の防災情報、防犯情報、生活情報、イベント情報、求人情報など。
＜登録方法＞
市ウェブサイト内の「東松島市メールサービス」ページにあるいずれかの方法で登録する。
①QR（二次元コード）を読み取り、表示されるメールアドレス（entry@hm-mail.jp）に空メールを送って登録
②メールアドレス（entry@hm-mail.jp）を直接入力し、空メールを送信して登録
※携帯電話のアドレスを登録される方で、ドメイン指定受信を設定されている方は「hm-mail.jp」ドメインからのメールを受信

できるように設定
＜注意＞
登録は無料だが、通信に伴う費用は個人の負担。配信は24時間対応。状況によって夜間にメールの配信が行われることがある。利用規約、免責事項を一読の上、登録を。
＜解除方法＞
メールアドレス（cancel@hm-mail.jp）を直接入力し、空メールを送信して解除。
問／市防災課 TEL0225-82-1111

東松島市消防団協力事業所表示制度

全国で多くの事業所に交付されている「消防団協力事業所表示制度」表示マーク

東松島市では、市消防団の活動に積極的に協力している事業所を「消防団協力事業所」に認定し、地域における社会貢献の証しとして、消防団協力事業所表示証と消防団協力事業所認定証を交付している。
消防団協力事業所として認定された事業所は、交付された表示証などを事務所などに掲示や自社のウェブサイトなどで公表できる。
＜認定基準＞
①従業員が東松島市消防団員として、2人以上入団している事業所など
②従業員の東松島市消防団員活動について積

極的に配慮している事業所など
③災害時に資機材等を東松島市消防団に提供する協力をしている事業所など
④そのほか東松島市消防団活動に協力することにより、地域の消防防災体制の充実強化に寄与しているなど、市長が特に認める事業所など
問／市防災課 TEL0225-82-1111

木造住宅の耐震診断と改修の助成および危険ブロック塀等除却事業

2022年度は木造住宅耐震診断助成事業、木造住宅耐震改修工事助成事業、危険ブロック塀等除却事業を次の通り行っている。
1.木造住宅耐震診断助成事業
旧耐震構造基準（1981年5月31日以前）で建築された木造住宅が対象。81年6月に建築基準法の大幅な改正が行われ、建物の耐震基準が強化された。それ以前に建築された木造住宅は大きな地震の際に倒壊する恐れがある。
診断を希望する市民の申し込みにより「耐震診断士」を派遣し、診断の実施や耐震改修の計画案の作成、耐震改修工事を行う際の概算見積もりなどを行う。
＜自己負担額＞
8400円 ※住宅の延べ床面積が200平方㍍超の場合は、70平方㍍ごとに自己負担額1万500円が加算される
＜受付期間＞
2022年12月16日まで
※予算がなくなり次第、受け付けを終了する場合がある
2.木造住宅耐震改修工事助成事業
木造住宅耐震診断助成事業で作成した改修計画に基づき行う住宅の耐震改修工事に要する費用（改修設計費・工事監理費を含む）の一部を補助する。
また、県内に本店または支店を有する建設業者などが施工した場合、上乗せ補助がある。上乗せ補助金額は耐震改修工事と同時に行うリフォームの有無やその金額により変動する。
＜補助金額＞
耐震改修工事費の5分の4（上限100万円）
＜上乗せ補助金額＞
県内に本店または支店を有する施工業者が施工した場合のみ。
・リフォーム金額が10万円以上：耐震改修工事費の25分の2以内（上限10万円）
＜受付期間＞
2022年12月16日まで
※23年1月20日までに工事が完了するものが

赤いボディーがまぶしい

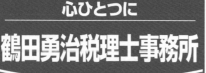

対象。予算がなくなり次第、受け付けを終了する場合がある

3.危険ブロック塀等除却事業

道路に面した高さ1㍍以上のブロック塀など（道路以外の隣地などに面したものは除く）で、倒壊の危険性のあるブロック塀などを、所有者自らが自費で施工業者などに発注して除却する場合、その除却に要する費用の一部および除却後に新たに設置する軽量の塀などの工事費用の一部を補助する。

調査基準に基づき市建築住宅課の職員が現地調査を行い、危険と判断された塀のみが対象となるので、除却を行う前に同課へ連絡する。

＜補助金額＞

①避難路（※1）に面するブロック塀などの除去および設置工事費の3分の2または除去面積1平方㍍当たりに1万円を乗じて算定した金額（上限37万5000円）のいずれか低い額

②避難路（※1）以外の道路に面するブロック塀など
・除去事業…除去面積1平方㍍当たり4000円を乗じて算定した金額（上限15万円）
・設置事業…設置延長1平方㍍当たり4000円を乗じて算定した金額または設置費用の3分の1のいずれか低い額（上限10万円）
※除去事業を実施した世帯が対象。設置事業のみは補助対象外
（※1）避難路…東松島市耐震改修促進計画において定めている道路のこと

＜受付期間＞

2022年12月16日まで
※23年1月20日までに工事が完了するものが対象。予算がなくなり次第、受け付けを終了する場合がある
問／市建築住宅課 TEL0225-82-1111

東松島市洪水ハザードマップ

市では、一級河川の旧北上川、江合川、鳴瀬川、吉田川の洪水時の浸水想定を示した洪水ハザードマップを市ウェブサイトに掲載している。洪水ハザードマップは、それぞれの河川が最大規模の大雨で氾濫した場合に想定される浸水の状況をシミュレーションで予測したもの。市民に浸水被害の危険性や浸水に対する避難の準備、土砂災害に対する備えなどを周知するために作成した。浸水被害の想定範囲や浸水の程度、主な急傾斜地危険箇所、土石流危険区域をあらかじめ知っておくことで避難経路や避難場所を確認でき、災害時の助け合いにもつながる。
問／市防災課 TEL0225-82-1111

水防訓練（積み土のう工法）

消防団による消火訓練

地域を守る消防団

災害時相互応援協定の締結自治体

北海道更別村、大崎市・美里町・松島町・蔵王町、山形県東根市、埼玉県富士見市・東松山市、東京都大田区、岐阜県美濃加茂市、愛知県小牧市・清須市・北名古屋市・豊山町・豊田市・弥富市・瀬戸市・半田市、福岡県豊前市、香川県東かがわ市、大阪府松原市
（2022年8月1日現在）

主な協定内容
・食料および飲料水等の供給
・応急物資（生活必需品など）の供給
・応急対策などにおける職員の派遣および資機材の提供
・被災者の一時受け入れ ほか

電話帳

東松島市
防災課
TEL0225-82-1111
警察
石巻警察署矢本交番
TEL0225-82-3150
石巻警察署小野駐在所
TEL0225-87-2110
石巻警察署野蒜駐在所
TEL0225-88-2110
消防
石巻地区広域行政事務組合
東松島消防署
TEL0225-82-2147
東松島消防署鳴瀬出張所
TEL0225-88-2119

ライフライン

【電気（停電・緊急時用）】
東北電力ネットワーク
TEL0120-175-366
【上水道】
石巻地方広域水道企業団
お客さまセンター
TEL0225-96-4955
【下水道】
東松島市下水道課
TEL0225-82-1111
【医療（救急告示医療機関）】
仙石病院
TEL0225-83-2111
真壁病院
TEL0225-82-7111
海の事故
石巻海上保安署
TEL0225-22-8088

女川町

企画課
TEL0225-54-3131

WEBサイト

公式SNS　Twitter (@TownOnagawa)

消防出初め式の様子

緊急速報メール配信サービス

　女川町では災害が発生した場合、より多くの町民へ災害情報を伝達するため、携帯電話会社3社（NTTドコモ、au、ソフトバンク）が提供する緊急速報メール（エリアメール）を配信している。

<配信内容>
町の避難指示・避難勧告情報など

<主な特徴>
・専用着信音とポップアップ表示で素早く情報を確認できる
・配信エリア内の対応携帯電話へ配信するため、町民に加え、通勤や観光で町に滞在中の人も受信できる
・全町単位で情報を配信する
・月額使用料、通信料は無料。事前登録不要だが、受信設定が必要な機種もある
問／町企画課 TEL0225-54-3131

消防団員募集中

勇ましい消防団

　女川町には地域ごとに七つの分団があり、火災や自然災害などから地域の安全を守る役割を果たしている。消防団員数の減少や高齢化などの問題を抱えているため、現在団員を募集している。

<身分>
　特別職（非常勤）の地方公務員。それぞれの職業を持った住民が入団している。

<仕事内容>
　任務は地域を災害から守ること。火災や地震、風水害などいざというとき、住民の安全のため、消防活動を行う。
問／町企画課 TEL0225-54-3131

り災証明書

　暴風、豪雨、豪雪、洪水、高潮、津波といった異常な自然現象により家屋に被害を受けた場合、被害程度を証明する「り災証明書」の申請ができる。
問／町町民生活課 TEL0225-54-3131

住宅への危険木・倒木の処理

　住宅への倒木被害から町民の生命および財産を保護するため、危険木の伐採および倒木の撤去にかかわる費用を助成する。

<助成対象>
　居住している建物に倒木により被害を与える恐れのある立木を、立木の所有者または立木の所有者から承諾を得た住宅入居者が伐採および撤去する費用。

<助成率>
要した費用の2分の1以内

<限度額>
25万円まで
問／町産業振興課 TEL0225-54-3131

女川町木造住宅耐震診断助成事業

　1981年6月以前に建築された木造住宅は大きな地震の際に倒壊する恐れがある。宮城県または仙台市に登録されている耐震診断士を派遣し、建物の耐震診断を実施。耐震改修計画案の作成などにかかわる費用の一部を助成し、耐震対策を支援する。

<対象住宅>
　1981年5月31日以前着工の木造在来軸組構法、枠組壁構法の女川町内にある戸建て住宅で、平屋建てから3階建てまでの住宅（併用住宅含む）が対象。

<申請期間>
2023年1月31日まで
※23年2月3日までに業務完了が確実な住宅

<予定募集戸数>
2戸

<自己負担額>
　住宅の延べ床面積が200平方㍍以下の場合は8400円（改修計画を作成しない一般診断のみの場合は7500円）。延べ床面積が200平方㍍超の場合は延べ床面積により異なる。
問／町建設課 TEL0225-54-3131

災害時相互応援協定の締結自治体

高知県香南市、栃木県塩谷町、愛知県豊田市

主な協定内容
・食料などの支援物資提供
・緊急時の職員派遣
・被災住民の受け入れ　ほか

電話帳

女川町
企画課防災係
TEL0225-54-3131
警察
石巻警察署女川交番
TEL0225-54-3064

消防
女川消防署
TEL0225-54-2119
ライフライン
【電気（停電・緊急時用）】
東北電力ネットワーク
TEL0120-175-366
【水道】
女川町建設課業務係
TEL0225-54-3131
【医療（救急告示医療機関）】
女川町地域医療センター
TEL0225-53-5511
【海の事故】
石巻海上保安署
TEL0225-22-8088

防災応援協定締結式

高知県香南市との締結式の様子　　栃木県塩谷町との締結式の様子

気仙沼エリア

72 ▶ 73　　気仙沼市

74　　南三陸町

気仙沼市

危機管理課
TEL0226-22-3402

公式SNS Facebook (@bosaikesennuma) Twitter (@bosai_kesennuma)
LINE (@kesennuma-miyagi)

市が管理する備蓄倉庫

気仙沼市立病院

多様な情報メディアで情報配信

気仙沼市では市民に迅速かつ確実に災害情報等を伝えるため、多様な情報メディアを活用して災害情報等を配信している。災害の種類や状況に応じて情報メディアは影響を受けるため、複数の情報メディアを活用して情報入手を。

●災害情報等の配信メディア
・防災行政無線
・緊急速報メール／エリアメール
・被災者支援メール（※）
・コミュニティーFM「ラヂオ気仙沼（77.5メガヘルツ）」
・市公式ウェブサイト
・ツイッター「市危機管理課」
・フェイスブック「市災害情報」
・市公式ライン
・市防災ポータルサイト
・Yahoo!防災速報

●配信内容…避難情報や地震・津波、気象警報、国民保護情報といった災害情報など。
※被災者支援メールの利用には、事前登録が必要。登録方法は市のウェブサイトにて。利用は無料だが、通信料は利用者の負担
問／市危機管理課防災安全係
　　TEL0226-22-3402

消防団員募集中

気仙沼市では随時、消防団員を募集している。入団資格は市内に居住または勤務している18歳以上55歳未満で男女は問わない。将来の担い手となる若い団員を求めている。

●活動内容…災害発生時の消火・避難誘導。平時は消防用機材の取り扱い訓練や火災予防といった広報活動など。

●消防団員の処遇
・非常勤特別職の地方公務員
・報酬などの支給
・被服の貸与
・公務災害補償
・退職報償金
・福祉共済　など
問／市危機管理課消防団係
　　TEL0226-22-0983

木造住宅耐震診断助成事業

木造住宅の所有者の求めに応じ、予算の範囲内で耐震診断士を派遣し、耐震改修工事の前提となる「耐震一般診断」や「耐震改修計画」を作成する。

●耐震一般診断…建築構造の専門的知識を持つ派遣耐震診断士が、地震への安全性を「上部構造評点」と「重大な地盤・基礎の注意事項」に分けて診断する。

●耐震改修計画…耐震一般診断に基づき、上部構造評点が1.0未満の場合は、耐震改修工事後の上部構造評点が1.0以上になるように、または「重大な地盤・基礎の注意事項」がある場合は、その改善方法などの概略を改修計画として作成する。

●対象…対象は下記の①〜③の全てに該当する住宅。
①1981年5月31日以前に着工された戸建て住宅（旧耐震基準で建てられた戸建て住宅）
②在来軸組構法（古民家住宅を含む）または枠組壁構法による地上3階建てまでの木造住宅
③市税の滞納がない人が所有する住宅（納税状況閲覧同意書を提出）

●現地調査…耐震診断の申し込みがあった建物は、現地調査を下記の通り実施する。
①建築時の状況や災害履歴など住宅の聞き取り調査
②建築確認通知書などを参考に1・2階の間取り図を作成しながら、建物の整合度合いを平面的・立体的に確認して把握する
③敷地地盤や建物周囲の状況を調べる
④天井や床下の改め口、または床下換気口などから構造体の施工状況や老朽化の状態を調べる

消防団による一斉放水

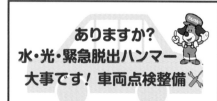

⑤屋根材重量や通し柱、壁の配置状況を確認する

●**補助金額**…延べ床面積200平方㍍以下で耐震診断などの費用が15万800円の場合、市の負担額は14万2400円、自己負担額は8400円。延べ床面積200平方㍍を超えても市の負担額は同額の14万2400円で、それ以外は自己負担。金額は消費税と地方消費税を含む。
問／市住宅課
　　TEL0226-22-3426

東北地方太平洋沖地震津波浸水図

東北地方太平洋沖地震による津波の浸水範囲と、東日本大震災後に使用可能な避難所などを表示している。図面は市のウェブサイトからダウンロードできる。
問／市危機管理課防災安全係
　　TEL0226-22-3402

気仙沼・本吉広域防災センター

平常時は地震・煙・消火などの体験学習や各種展示を通して、防災行動力や防災知識などの向上を図る。見学は事前に申し込みを。
災害時には災害対策活動の拠点になる。気仙沼・本吉地域広域行政事務組合消防本部が管轄する気仙沼市、南三陸町に加え、関係機関などへの情報提供、連絡調整を行う。
気仙沼市赤岩五駄鱈43-2
開／9:00～16:00
休／月曜、12月28日～1月7日
問／気仙沼・本吉地域広域行政
　　事務組合消防本部
　　TEL0226-22-6688

気仙沼市東日本大震災遺構・伝承館

2019年3月10日、東日本大震災の記憶と教訓を後世に伝えるために開館した。震災遺構である気仙沼向洋高旧校舎を活用している。4階まで浸水した南校舎の様子や、震災当時を記憶した資料、津波の脅威を伝える映像などをじっくりと見学できる。

気仙沼市波路上瀬向9-1
開／4～9月9:30～17:00（最終受け付け16:00）
　　10～3月9:30～16:00（最終受け付け15:00）
休／月曜（祝日の場合は開館、翌日休館）、
　　祝日の翌日（土・日曜、GW期間は開館）、
　　12月29日～1月4日
　　※毎月11日、9月1日、11月5日は開館
TEL0226-28-9671

気仙沼市東日本大震災遺構・伝承館

気仙沼・本吉広域防災センター　　気仙沼・本吉広域防災センターにある地震体験コーナー

南三陸町

総務課
TEL0226-46-1376

公式SNS　Facebook (@town.minamisanriku)　Twitter (@minamisanrikuBS)

土砂災害対応訓練（救出・救助）

救護所開設訓練

防災情報メールの配信

　登録した人に限り、町の気象・防災情報を携帯電話やパソコンへ電子メールを配信している。電波の状況が悪いなどといった場合を除き、仕事などで町外にいる場合でも受信することができる。

■配信内容…町の区域に発表された気象、津波に関する情報およびこれに伴う避難指示など。また、主要道路の通行止めといった交通規制情報など。

■登録方法…町ウェブサイト内の「メール配信サービス登録手順」にある方法で登録する。

■注意…メール配信サービスは無料だが、メール受信などに必要な通信料は個人の負担。利用上の注意事項・規約を一読の上、登録を。

■解除方法…登録と同様、町ウェブサイトから。
問／町総務課
　　TEL0226-46-1376

ツイッター・フェイスブックによる情報発信

　ツイッター・フェイスブックを活用した情報配信を行っている。

　町公式ツイッターでは、町の防災に特化した情報を発信。アカウント名は「minamisanrikuBS」。先頭に@を付けてツイッター内で検索。フォローすると、町が発信する防災情報が自動的に配信される。ツイッター未登録の場合でも、南三陸町公式ツイッター画面は確認できる。

東日本大震災後に整備された町の様子

■ツイッターで配信する主な情報

①気象情報（気象警報、土砂災害警戒情報、記録的短時間大雨情報、竜巻注意情報などの発表）
②津波に関する情報
③緊急・災害時における避難、避難所、道路冠水、通行規制などに関する情報
④国民保護に関する情報
⑤安全・安心、防災・減災に役立つ情報
　町公式フェイスブックでは、防災情報のほか、町の話題、観光・イベントなどの情報を発信。「南三陸町フェイスブック」で検索。フェイスブック未登録の場合でも、南三陸町公式フェイスブック画面は確認できる。
問／町総務課
　　TEL0226-46-1376

気象観測・潮位観測データの公開

　気象観測機器を町内4カ所、潮位観測機器を町内3漁港に設置していて、これらのシステムで収集・解析した情報を公開している。観測データを見るには、町ウェブサイト「防災」→「気象、地震・津波」の順で検索を。
問／町総務課
　　TEL0226-46-1376

 災害時相互応援協定の締結自治体

山形県庄内町、長崎県南島原市など10自治体

主な協定内容
・食料などの支援物資提供
・緊急時の職員派遣
・被災住民の受け入れ　ほか

 電話帳

南三陸町
総務課
TEL0226-46-1376

警察
南三陸警察署
TEL0226-46-3131
南三陸警察署入谷駐在所
TEL0226-46-3631
南三陸警察署戸倉駐在所
TEL0226-46-9110
南三陸警察署歌津駐在所
TEL0226-36-2110

消防
南三陸消防署
TEL0226-46-2677
南三陸消防署歌津出張所
TEL0226-36-2222

ライフライン
【電気（停電・緊急時用）】
気仙沼電力センター
TEL0120-175-366
【上・下水道】
南三陸町上下水道事業所
TEL0226-46-5600
【医療】
南三陸病院
TEL0226-46-3646
【海の事故】
気仙沼海上保安署
TEL0226-22-7084

名亘エリア

76 ▶ 77	名 取 市
78 ▶ 79	岩 沼 市
80	亘 理 町
81	山 元 町

名取市

防災安全課
TEL022-724-7166

WEBサイト

公式SNS　Facebook (@natori.city)

災害情報の伝達

市では、災害情報をウェブサイトや防災行政無線、広報車、エフエムなとり「なとらじ801（はちまるいち）」（FM80.1ﾒｶﾞﾍﾙﾂ）、「なとり防災メール」（登録制）などで発信する。津波情報などは緊急速報メール、ツイッターでも配信。

防災行政無線の屋外拡声子局（スピーカー）は現在、市役所や地区公民館などに設置しており、災害時の緊急情報などを防災行政無線で放送する。「なとらじ801」は、震災情報や生活情報を市民へ放送するために東日本大震災後の2011年4月に開局。15年3月からコミュニティーFMに移行し、防災行政無線による放送を24時間体制で流す。

＜放送内容＞
■市からの情報
大津波警報、津波警報、避難指示など
■国からの情報
全国瞬時警報システム（通称Jアラート）から放送される情報（弾道ミサイル情報、大津波警報、津波警報など）
■定時放送
17:00の音楽放送（夕焼け小焼け）
※国からの情報は、全国瞬時警報システムにより24時間自動的に、瞬時に伝達される
※定時放送は、屋外拡声子局の動作確認用

＜モーターサイレンについて＞
沿岸部の3カ所に、大津波警報や津波警報の発表を知らせるモーターサイレンが設置されている。

モーターサイレンは、注意を喚起するために大きな音を発する装置で、可聴範囲は約2㌔。大津波警報や津波警報が発表された際に、市と消防本部が鳴らす。サイレンが鳴ったら「なとらじ801」で市の災害情報を入手し、速やかに避難すること。強い揺れや長い揺れを感じた場合には、津波の発生が予想されるので、避難指示を待たずに高い場所や内陸側の遠くへいち早く避難することが大切だ。

■警報別 吹鳴パターン
大津波警報…3秒吹鳴～2秒休止～3秒吹鳴
※連続
津波警報…5秒吹鳴～6秒休止～5秒吹鳴
※2回繰り返す
問／市防災安全課 TEL022-724-7166

緊急告知ラジオ（防災ラジオ）の有償配布

市では防災情報伝達手段の多重化を図るため「なとらじ801」を通じて、自動で起動・同調する緊急告知ラジオ（防災ラジオ）を1000円で有償配布している。

防災ラジオは、普段はAM・FM放送を聞くことができ、災害時は自動的に起動して最大音量で災害情報が放送される。

希望者は市防災安全課または市内の各公民館で配布している「防災ラジオ申込書」に必要事項を記入し、提出を。配布は1、2カ月後。
申込・問／市防災安全課
TEL022-724-7166

竜巻から身を守るには

竜巻は台風シーズンの9月などに多く発生している。被害の特徴は「猛スピードで物が飛んでくる」「飛来物により窓ガラスが割れると、建物内部の急激な気圧の変化で屋根が外れて飛ぶことがある」「飛来物が建物に衝突し、飛散した物が被害を拡大する」など。

竜巻は積乱雲（入道雲）に伴って発生するため、辺りが急に暗くなる、雷鳴が聞こえる、冷たい風を感じる、ひょうが降ってくるなどの前兆現象がある。このような現象を感じたら、外出先の場合は近くの丈夫な建物に避難すること。

近くに建物がない場合は、飛ばされたり飛来物でけがをしたりしないよう、水路やくぼみに身を伏せて両腕で頭を守る。自宅の雨戸やシャッターを閉める。窓を閉めカーテンを引く。窓から離れ、なるべく窓のない部屋に移動するといった「命を守る行動」を心掛ける。
問／市防災安全課 TEL022-724-7166

災害弔慰金の支給など

災害に遭った場合、次のような災害弔慰金などの給付や資金の貸し付けが受けられる（災害救助法の適用などの条件がある）。
■災害弔慰金
自然災害により死亡した時、遺族に支給される
■災害障害見舞金
自然災害による負傷や疾病で、精神や体に著しい障害が残った場合に支給される
■生活再建支援金
自然災害により住宅が全壊などの損害を受けた時、世帯主に支給される
■災害援護資金
自然災害により住宅や家財が一定以上の損害を受けた時、生活の立て直しに必要な資金を世帯主に貸し付ける
■災害見舞金
自然災害および火災により住居に半壊（半焼）、水損など被害を受けた場合に支給される
問／市社会福祉課生活再建支援係（東日本大震災に関すること）
TEL022-383-6232
市社会福祉課福祉総務係（そのほかの災害に関すること）
TEL022-724-7106
■市税の減免
災害により財産に被害を受けた場合は、申告（申請）を行うことで減免される場合がある

「安心シート」とは

けがや急病などで意識がない場合に、持病や緊急連絡先などを救急隊や医療機関に伝えるためのシート。一人暮らしの高齢者や健康に不安を抱えている方などが情報を記入することで、救急隊や医療機関の適切で迅速な対応が可能になるなど、安全・安心に役立つ。かかりつけの医療機関や症状などが変わった時は、その都度書き換えを。

シートは各地区の公民館、介護長寿課、社会福祉課、地域包括支援センターなどの受け付けに備え付けてある。市ウェブサイトや市消防本部ウェブサイト（http://www.fdn119.jp/）からもダウンロード可。

問／市消防本部警防課 TEL022-382-0242

応急手当てを覚えたいときは

救急車が到着するまでの平均9分は、生死を分ける貴重な時間とされる。その場に居合わせた者が、速やかに応急手当てを行うことで傷病者の命を救える可能性が高くなる。そのため、消防署では毎月第2土曜に、市民を対象とした「普通救命講習会」(所要時間3時間)を開催している。また市民や事業所などおおむね10人以上の団体を対象とした「応急手当講習会」や「普通救命講習会」も開催している。事前に予約を。

予約・問／市消防署救急救助係
TEL022-382-3019

AED(自動体外式除細動器)の貸し出し

消防本部でAEDの貸し出しを行っている。町内会などでの集まりや祭り、スポーツ大会などの会場で倒れた人がいた場合に役立つ。

貸し出す対象は、主に市民を対象とする催事または消防長が認めた時。貸し出し条件は、普通救命講習を受講した方または医療従事者が会場に待機していることなど。希望者は申請手続きを。

問／市消防本部警防課
TEL022-382-0242

火災の発生場所を知りたい時

消防署のテレホンサービスで、火災の発生場所などの災害情報を得ることができる(災害発生時は混線してかかりづらくなるので、何度かかけ直す。119番は使用しない)。

土・日曜、祝日は休日夜間急患センターの情報を発信している。

問／災害情報テレホンサービス
TEL022-382-0119

火災警報が発令されたら

最大風速10㍍を超え、最低湿度が35%以下になった場合などには、火災警報が発令される。警報中はたき火や屋外の燃えやすい物の近くでの喫煙、林野の火入れなどは禁止となる。

問／市消防本部警防課
TEL022-382-0242

災害への備え

大規模災害による被害を軽減するためには、「自助・共助・公助一体となった防災対策」が必要で、市では町内会・自主防災組織と共同で

名取市市民防災マニュアルの表紙

防災訓練や意識の啓発を進めている。

■ハザードマップと防災マニュアル

市は、災害に対する日頃からの備えや、避難所・避難場所の位置を含む「名取市ハザードマップ」と「名取市防災マニュアル」を作成中。安否確認の方法、災害に備え準備する物(備蓄品など)、情報の収集方法、避難行動について分かりやすくまとめている。2022年11月ごろから市内の全戸・事業所に順次配布予定。いつ起こるかわからない災害に備え、すぐ手に取れる場所で保管を。

■地区防災マニュアル

市では、地域住民と共同で、公民館区ごとに、地域の実情に応じた地区防災マニュアルを作成している。

地区防災マニュアルには、地区の状況や想定する災害、災害対応計画と災害予防計画、防災マップなどが掲載されている。

地区防災マニュアルは、閖上、下増田、増田、増田西、名取が丘、館腰、愛島、高舘、ゆりが丘・みどり台、相互台、那智が丘地区で作成し、市ウェブサイトで確認できる(https://www.city.natori.miyagi.jp/soshiki/soumu/bousai/node_35415)。

問／市防災安全課
TEL022-724-7166

災害時相互応援協定の締結自治体

和歌山県新宮市、上山市、愛知県半田市
主な協定内容
・災害時相互応援(食料、飲料水などの供給、応急対策および復旧に必要な職員の派遣 ほか)

北海道千歳市、花巻市、岩沼市、兵庫県伊丹市、長崎県大村市、鹿児島県霧島市
主な協定内容
・空港が所在する協定市における大規模災害などの発生時の相互応援(応急対策に必要な物資および資機材の提供 ほか)

電話帳

名取市
防災安全課
TEL022-724-7166
警察
岩沼警察署増田交番
TEL022-382-3010
岩沼警察署高舘交番
TEL022-384-0242
岩沼警察署館腰交番
TEL022-382-2066
岩沼警察署下増田駐在所
TEL022-382-0831
岩沼警察署閖上駐在所
TEL022-385-0219
消防
名取市消防本部
TEL022-382-0242
名取市消防署
TEL022-382-3019
名取市消防署閖上出張所
TEL022-385-0220

名取市消防署手倉田出張所
TEL022-382-1204
名取市消防署高舘出張所
TEL022-386-5396
ライフライン
【電気(停電・緊急時用)】
東北電力ネットワーク
TEL0120-175-366
【ガス】
仙台市ガス局
お客さまセンター
TEL0800-800-8977
【上水道】
名取市水道事業所水道総務係
TEL022-724-7136
【下水道】
名取市下水道課下水道総務係
TEL022-724-7131
【医療】
名取熊野堂病院
TEL022-386-2131
宮城県立がんセンター
TEL022-384-3151

岩沼市 ── 防災課
TEL0223-23-0356

公式SNS　Twitter (@bosai_iwanuma)　LINE (@iwanuma-city)

総合防災訓練

市では、2012年度から15年度まで「防災の日」を基準に津波避難訓練を実施し、16年度からは大雨・洪水、土砂災害を想定した総合防災訓練を市内全域で実施した。20年度はコロナ禍で中止としたが、22年度は21年度に引き続き個人や各家庭で「防災を考える日」として、緊急情報の確認やマイ・タイムラインの作成を呼び掛けるなど、自助・共助を高めるきっかけとした。また、町内会長や防災士、市職員が協力してコロナ禍の避難所開設訓練を実施し、避難所対応の理解を深めた。
問／市防災課
　　TEL0223-23-0356

避難所開設訓練の様子（2022年度の様子）

災害用仮設

ハザードマップ（各種災害の危険予測地図）の配布

阿武隈川が氾濫した場合の浸水区域などを示した洪水ハザードマップを2016年度に全戸配布した。また、土砂災害防止法に基づく県の指定を踏まえ、土砂災害ハザードマップを更新・配布している。
問／市防災課
　　TEL0223-23-0356

防災士資格取得支援事業

地域防災の担い手となる防災士の育成を促進することで、地域コミュニティーの活性化および自主防災組織などを中心とする地域防災力の向上を図る「防災士資格取得支援事業」を2017年度から実施し、これまでに計156人の防災士が誕生した。
問／市防災課
　　TEL0223-23-0356

マイ・タイムライン作成の呼び掛け

マイ・タイムラインとは、台風が近づいている時や大雨の時に「いつ・どこに・どのように」避難をするのか、一人一人があらかじめ決めておく「防災行動計画」のこと。市では、個人や各家庭で災害時の行動を考えてもらうため、2021年度にマイ・タイムライン作成シートを全戸配布した。市ウェブサイトからもダウンロード可能。
問／市防災課
　　TEL0223-23-0356

防災行政無線屋外拡声子局（スピーカー）の整備

災害時などにおける情報伝達体制の強化を図るため、山沿いや海・川沿いを中心に防災行政無線屋外拡声子局（スピーカー）を全40基設置した。緊急時はサイレンなどを用いて地震や津波といった災害情報および避難指示などの避難情報を迅速に伝達する。
問／市防災課
　　TEL0223-23-0356

防災ツイッター・市公式LINEによる情報発信

市では、災害時などの情報発信手段の多様化を図るために防災用の公式ツイッターを開設。市政情報を配信する市公式LINEと併せて、災害に対する注意喚起、避難情報などの防災情報を発信している。
■ツイッターアカウント／
　@bosai_iwanuma
■URL／https://twitter.com/
　bosai_iwanuma
問／市防災課
　　TEL0223-23-0356

防災ツイッター

緊急速報エリアメール

災害が発生した際、避難指示などの緊急情報を市内にいるNTTドコモ、au、ソフトバンク、楽天モバイルの各携帯の利用者へ市が直接配信し、一斉受信する仕組み。通信料は無料。
問／市防災課
　　TEL0223-23-0356

津波避難誘導標識の設置

東日本大震災による津波で大きな被害を受けた津波浸水区域での避難行動を確実なものとするために、住民のみならず、観光客や来訪者に対しても、避難経路・避難所・避難場所を分かりやすく表示し誘導する必要があることから、2020年度に津波避難誘導標識を39カ所に設置した。
問／市防災課
　　TEL0223-23-0356

土のうステーションの設置

近年頻発している集中豪雨による浸水被害を軽減するため、いつでも自由に利用できる「土のうステーション」を市内3カ所に設置。
問／市防災課
　　TEL0223-23-0356

自主防災組織による訓練（2019年度の様子）

自主防災組織のサポート

自主防災組織を結成する町内会などを対象に、市ではさまざまなサポートを行っている。自主防災組織について学ぶ出前講座をはじめ、組織規約や組織図作成の支援、訓練といった結成後の活動へのアドバイスなど。
問／市防災課
　　TEL0223-23-0356

緊急用飲料水備蓄タンク（セーフティータワー）

各種災害に備えるため、飲料水を備蓄する緊急用飲料水備蓄タンク（セーフティータワー）を市内4カ所に設置している。貯水量としては1基当たり40トンで、約4000人の飲料水3日分（1人1当たり3リットルとして計算）になる。また、飲料水以外には火災時の防火用水としても利用でき、汎用（はんよう）性が高い。
問／市防災課
　　TEL0223-23-0356

災害時協力井戸

災害時に供給が困難となる恐れのある生活用水を確保するため、市内53カ所の井戸を「災害時協力井戸」として登録している。なお井戸水は井戸所有者の善意で提供されるもので、災害時は所有者に配慮して使用を。
問／市防災課
　　TEL0223-23-0356

消防団員の募集

消防団は地域に密着した防災機関として、平常時には、災害に備える各種訓練や火災を予防する巡回活動などを行う。また災害発生時には、消火活動や避難誘導などの活動に従事する。あなたの大切な人や地域の安全・安心のために、ぜひ協力を。
- **■職務内容**／①消防団員（消火活動など）②女性団員（広報活動など）③ラッパ吹奏専属団員（大会時の吹奏など）　※経験は問わない
- **■入団資格**／18歳以上の市民または市内在勤の方
- **■団員処遇**／年額報酬・出動報酬の支給、活動服などの貸与、公務災害の補償
- **■受け付け**／随時
- **■申込・問**／市防災課
　　TEL0223-23-0789

令和4年消防出初式の実地放水

大きな地震への備えを

■木造住宅耐震診断助成
耐震診断士を派遣し、診断を行う。

対象／1981年5月31日以前着工の木造一戸建て住宅、在来軸組み構法または枠組み壁構法による木造平家建てから木造3階建てまでの住宅、過去に耐震一般診断または耐震精密診断を受けていない住宅
自己負担／8400円（延べ面積が200平方メートルを超える場合は別途料金加算）
※申し込み時に建築時期と床面積が分かる資料を持参すること

■木造住宅耐震改修工事助成
市が助成する耐震診断後に耐震改修設計および耐震改修工事、または建て替え工事を行う場合に、費用の一部を補助する。また耐震改修工事に併せて10万円以上のリフォームを行う場合は、最大10万円の補助金が上乗せされる。
対象／市が助成する木造住宅耐震診断により耐震性が基準に満たないと判定された木造一戸建て住宅
補助金の額／耐震改修工事：工事費用の5分の4（限度額100万円）
　　同時にリフォームを行う場合：工事費用の25分の22（限度額110万円）
　　※建て替え工事は問い合わせを

■スクールゾーン内危険ブロック塀等改善事業補助
ブロック塀などの組積造の塀を除却する費用と、その跡地にフェンスなどを設置する費用の一部を補助する。
対象／市道などの道路沿い、または公共施設の敷地沿いに設置され、道路（公共施設の敷地沿いの場合は敷地）からの高さ1メートル（擁壁上の場合は0.6メートル）以上のブロック塀など
補助金の額／除却：道路などからの見付面積1平方メートル当たり8000円、または除却費用の3分の2の額（限度額25万円）
　　除却後のフェンスなどの設置：設置延長1メートルごとに8000円、または設置費用の3分の1の額（限度額15万円）

■家具転倒防止等作業代行
大規模地震に備え、家具を自分で固定することが困難な世帯を対象に固定作業などを代行する。
対象／満65歳以上や障害者のみで構成されている世帯
代行内容／家具5点まで。ガラス飛散防止フィルムの貼り付けは建具10枚まで
自己負担／家具固定金具、ガラス飛散防止フィルム代
申込・問／市建築住宅課住宅係
　　TEL0223-23-0647

災害時相互応援協定の締結自治体

尾花沢市、寒河江市、高知県南国市、静岡県袋井市、愛知県岩倉市、埼玉県入間市、千葉県市川市、島根県雲南市
主な協定内容
- 食料、飲料水、生活必需品のほか、それらの供給に必要な資機材などの提供、斡旋（あっせん）
- 被災者の救出、医療、防疫、施設などの応急復旧などに必要な資機材などの提供、および物資の提供、斡旋
- 消火、救援、医療、防疫、応急復旧活動などに必要な職員の派遣
- 上各号に掲げるもののほか、特に要請のあった事項

- そのほか、各種協定ごとに締結した項目

宮城県、県内各市町村
主な協定内容
- 職員の派遣
- 応急復旧に必要な物資、資機材の供給

電話帳

岩沼市
防災課
防災係TEL0223-23-0356
地域防災係
TEL0223-23-0789
警察
岩沼警察署
TEL0223-22-4341
岩沼警察署千貫駐在所
TEL0223-22-1300
岩沼警察署早股駐在所
TEL0223-22-2830

岩沼警察署下野郷駐在所
TEL0223-22-3426
消防
あぶくま消防本部
岩沼消防署
TEL0223-22-5172
ライフライン
【電気（停電・緊急時用）】
東北電力ネットワーク
TEL0120-175-366
【上水道】
岩沼市施設整備課
上水道施設係
TEL0223-23-0847
【下水道】
岩沼市施設整備課
下水道施設係
TEL0223-23-0847
【医療（救急告示医療機関）】
総合南東北病院
TEL0223-23-3151

亘 理 町

公式SNS　Facebook (@town.watari.miyagi)

緊急速報メールの運用

町では、災害時に町内にいる方々に的確な情報を広く周知するため、携帯電話会社を通じて緊急速報メールの配信を行っている。町民だけでなく、町内への通勤・通学者、観光客にも情報を送信することができる。

配信内容は、津波警報や台風、土砂災害などの災害時における避難準備・高齢者などの避難開始や、避難指示などの緊急性の高いもの。災害、避難情報を回線混雑の影響を受けずに受信することができる。月額使用料、通信料、情報料などは無料。

問／町総務課安全推進班
　　TEL0223-34-1111

消防団による水防工法訓練（シート張り工法）

ほっとメール便

災害はもとより、行政や暮らしに関することなど、町内のさまざまな情報を携帯メールへ配信するサービス。登録希望者は、登録したい情報のメールアドレスに、件名や本文を入れずに空メールを送るだけでOK。送信後に折り返し登録完了メールが届く。ただし、登録は「亘理町メール配信サービスの利用にあたって」の注意事項をよく読み、同意の上で行う。登録料無料。

■防災安全情報メール

災害情報や不審者情報など。登録アドレスはansin-watari@wbi.jp

■町からのお知らせメール

イベントや暮らしなどの行政情報。防災行政無線の定時放送のお知らせ。登録アドレスはnews-watari@wbi.jp

■子育て支援情報メール

「地域子育て支援センターわたり」からの子育て情報。登録アドレスはwatarikko@wbi.jp

■学校情報メール

小・中学生の保護者向け。登録アドレスは、子どもが通学する学校から保護者へ連絡。
問／町企画課情報政策班
　　TEL0223-34-0505

住宅の耐震改修促進税制

耐震診断を行い、現行の耐震基準に適合していない住宅に耐震改修工事を行った場合、所得税の特別控除や固定資産税の減免を受けることができる。

■所得税額の特別控除

旧耐震基準（1981年5月31日以前の耐震基準）により建てられ、現行の来診基準に適合していない住宅の耐震改修工事を行った場合、以下の控除額（（A）＋（B）の合計）を所得税額から控除できる（2023年12月31日までに工事を行った場合）。

（A）耐震改修工事に係る標準的な工事費用相当額（上限：250万円まで）：10%を控除
（B）以下①、②の合計額（（ア）と合計で1000万円まで）：5%を控除
① （ア）の工事に係る標準的な工事費用相当額のうち250万円を超える額
② （ア）以外の一定の増改築等の費用に要した額（（ア）と同額を限度）
問／仙台南税務署　TEL022-306-8001

■固定資産税額の減額措置

1982年1月1日以前に建築された住宅のうち、2024年3月31日までに現行の耐震基準に適合するよう耐震改修工事を施工したほか、一定の要件を満たした住宅について工事完了の翌年度にかかる固定資産税額（120平方㍍相当分まで）を2分の1に減額できる。要件および必要書類の確認、または減額申告（工事完了日から3カ月以内）は町税務課に提出すること。
問／町税務課課税班　TEL0223-34-1112

災害時相互応援協定の締結自治体	主な協定内容	警察	ライフライン

災害時相互応援協定の締結自治体
北海道伊達市、山形県大江町、福島県新地町、山元町、柴田町、福島地方広域行政圏8市町村、相馬地方広域市町村圏4市町村、亘理・名取広域圏2市2町、仙南地域広域行政圏9市町、置賜広域行政圏8市町、茨城県常総市、愛知県豊田市・岡崎市

主な協定内容
・生活必需物資の提供
・応急対策および復旧に必要な資機材などの提供
・応急対策および復旧に必要な職員の派遣

電話帳

亘理町
総務課安全推進班
TEL0223-34-1111

警察
亘理警察署
TEL0223-34-2111
亘理警察署田沢駐在所
TEL0223-34-1658
亘理警察署浜吉田駅前駐在所
TEL0223-36-2250
亘理警察署荒浜駐在所
TEL0223-35-2150

消防
亘理消防署
TEL0223-34-1155

ライフライン
【電気（停電・緊急時用）】
東北電力ネットワーク
TEL0120-175-366
【上・下水道】
亘理町上下水道課
TEL0223-34-0515

 山元町

総務課
TEL0223-37-1111

WEBサイト

公式SNS　Facebook (@yamamotoiro)

山元町防災拠点・山下地域交流センター

総合防災訓練

　津波避難文化の定着を目指し、今後も起こり得る大規模地震・津波、また、集中豪雨に伴う土砂災害などに備えるため、大規模災害に対する防災体制の確立と防災および減災意識の高揚を図ることを目的とし、関係機関と小・中学生も含めた地域住民が一体となった避難訓練と防災研修会を継続して実施してきた。

　2022年度は、新型コロナウイルス感染症対策を行いながら、町民の防災意識高揚を目的として、防災行政無線で訓練開始の放送を合図に、家庭や職場などそれぞれの場所で「シェイクアウト訓練」を実施。緊急避難場所への避難ルート、避難時間、緊急持ち出し品の確認などの訓練を行った。
問／町総務課 TEL0223-37-1111

防災行政無線の整備

　重要な情報の伝達手段として、防災行政無線屋外拡声子局のデジタル化、移動系無線機の充実とともに、希望する世帯に対して戸別受信機の無償貸与を実施している。引き続き新規転入世帯などで戸別受信機の設置を進め、より一層の情報伝達手段の強化を図る。
問／町総務課 TEL0223-37-1111

登録メール配信サービス

　各種情報の伝達手段として、スマートフォンやパソコンなど、登録されたメールアドレスに町からの情報を配信するサービスを2015年4月から運用している。

　「防災情報」として有事の際の情報、地震、津波、大雨などの情報、「行政情報」として道路の交通制限情報、町民バス運休情報、選挙情報、「観光情報」として町内外でのイベントの開催や出店者募集の情報などを配信している。
問／町総務課 TEL0223-37-1111

消防団員募集

　消防団は火災発生時の消火活動だけではなく、地震、風水害などの災害時における警戒や

消防団員による放水訓練

災害対応、平常時には火災予防の巡回などの活動を行っている。

　入団資格は町内に在住または町内に勤務する18歳以上の方。団員募集中。
問／町総務課 TEL0223-37-1111

防災拠点・地域交流センター

　災害対策機能・交流機能・学習機能などを併

せ持った防災拠点・地域交流センターを2017年に山下・坂元地区に整備した。平時は地域の交流・活力を創出する「交流拠点」として多くの町民から親しまれている各施設は、有事の際の災害対策機能を備えている。避難所として多くの避難者を受け入れるための避難室、授乳室・医務室を想定した小規模な個室などを確保したほか、備蓄倉庫や耐震性貯水槽、マンホールトイレなどもある。

　山下地域交流センター1階には防災情報コーナーを設け、震災前の町の様子や震災時の状況などを映像・模型・パネルなどで伝承するとともに、防災・減災に関する情報などを展示している。
問／山下地域交流センター
　　TEL0223-37-5592
　　坂元地域交流センター
　　TEL0223-38-0301

 災害時相互応援協定の締結自治体

●大規模災害時における相互応援に関する協定
【協定先】兵庫県朝来市、角田市、埼玉県松伏町、群馬県中之条町、千葉県大網白里市、愛知県半田市・岡崎市

主な協定内容
・応急対策および復旧・復興などに必要な職員の派遣
・応急対策および復旧・復興に必要な物資、資機材の提供
・被災者および避難者の受け入れ　　　　　　ほか
●伊達藩「ふるさと姉妹都市・歴史友好都市」連絡協議会の災害時における相互

応援協定
【協定先】北海道伊達市、福島県新地町、亘理町、柴田町

主な協定内容
・生活必需物資の提供
・応急・復旧用の物資、資機材などの提供
・職員の派遣　　　　　　ほか

電話帳

山元町
総務課
TEL0223-37-1111

警察
亘理警察署山下駐在所
TEL0223-37-0024
亘理警察署山下駅前駐在所
TEL0223-37-2552
亘理警察署坂元駐在所
TEL0223-38-0329

消防
亘理消防署山元分署
TEL0223-37-1185

ライフライン
【電気（停電・緊急時用）】
東北電力ネットワーク
TEL0120-175-366
【上・下水道】
山元町上下水道事業所
TEL0223-37-1120
【ガス】
宮城県エルピーガス協会
TEL022-225-0929
【医療（救急告示医療機関）】
平田外科医院
TEL0223-37-4055
宮城病院
TEL0223-37-1131

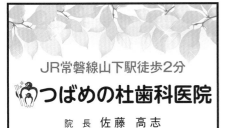

PICK UP | 震災伝承施設をネットワーク化 災害への学びと備えを普及

地域防災力の強化に向け、東北の震災遺構や震災伝承施設をネットワークで結び、広く情報発信を行う活動が「3.11伝承ロード」。3.11伝承ロード推進機構では、その活動を推進し、震災伝承施設を活用した研修会などを通して地域を越えた交流を図り、災害への学びと備えの普及を進めている。

協力・問
3.11伝承ロード推進機構
TEL022-393-4261

WEBサイト

震災伝承施設

青森、岩手、宮城、福島の各県に点在する東日本大震災の被災の実情や教訓を今に伝える遺構、展示施設の中から①災害の教訓が理解できるもの②災害時の防災に貢献できるもの③災害の恐怖や自然の畏怖を理解できるもの④災害における歴史的・学術的価値があるもの⑤その他（災害の実情や教訓の伝承と認められるもの）を「震災伝承施設」として登録。マップやウェブ、メールマガジンなどで施設情報を発信し、これらの施設を防災・減災学習に利用しやすいようサポートしている。

みやぎ東日本津波伝承館

3.11伝承ロード研修会

震災遺構や伝承施設を巡って東日本大震災の実情や教訓を学び、被災地の復旧・復興状況を知ることで、備えにつなげてもらおうと企業・団体向けに要望を受けて開催している。防災力の向上と被災地の活性化支援が狙い。各施設の説明ガイドや語り部を手配する他、専門の講師による座学、移動中も映像を交えた解説を取り入れて時間を有効活用する。他では見られない復興インフラ施設などの見学手配も行っている。

企業、団体向け研修会の様子（石巻市震災遺構大川小学校）

映像アーカイブ

道路啓開や津波の排水作業といった、過去に例を見ないスピードで震災直後からの復旧・復興に貢献した建設業界の働きを可視化し、貴重な映像アーカイブ資産として残す事業。建設関係の団体や企業からの申請を受けて、団体や企業、社員個人が所有している資料や写真、映像にインタビューなどを加えて編集、10分程度の映像作品を制作する。完成した作品は認定委員会（委員長：今村文彦東北大学災害学国際研究所所長）による審査を経て、認定書を交付。記録映像として催事やリクルートなど申請企業内外のさまざまな用途に活用される他、3.11伝承ロード推進機構のウェブサイトや研修会バス車内などで公開されている。

映像アーカイブ事業認定作品はウェブ（https://www.311densho.or.jp）で公開

県南エリア

84 ▶ 85　白石市

86 ▶ 87　角田市

88　蔵王町

89　七ヶ宿町

90　大河原町

91　村田町

92　柴田町

93　川崎町

94　丸森町

白石市

白石市消防団秋季訓練の様子

白石城での階子乗り隊の演技

白石市自主防災組織 補助金交付事業

　自治会を単位とする自主防災組織の設立を支援するため、2006年、自主防災組織による防災資機材整備事業および運営事業に対し、補助金を交付する要綱を制定した。

＜補助対象＞

　規約または連絡系統図などにより、平常時および災害時における活動を明確に示している団体で、自主防災組織設立届出書を市長に提出した方。

＜補助金額＞

　防災資機材整備については設立後1回限り支援しており、定額と世帯割額の合計金額（上限10万円）で、定額は1組織4万円、世帯割額は申請時における構成世帯数に応じた金額を補助。また、各種訓練、毎年実施した運営事業および研修会などに対し支援（上限2万円）を行っている。

白石市総合防災訓練

　東日本大震災を教訓に、これまでは各地区持ち回りで開催していた訓練の方法を見直し、2014年度から市内の全ての指定避難所において「自治会や自主防災組織」「避難所などの施設の管理者」「市職員」の3者が連携し、災害発生初動期に迅速で的確な行動と相互の協力体制の確立を図ることを目的とした「避難所開設・運営訓練」を実施している。

　訓練では市内全ての自治会（自主防災組織）において、一時避難場所への避難訓練と安否確認を実施するほか、各自治会などが独自にシナリオを作成し訓練を行うことで、地域住民の防災意識の高揚、防災技術の習得につなげている。

　2022年においては、新型コロナウイルス感染症の流行を受けて、例年のような市民全員参加型の防災訓練は実施せず、市職員および自治会役員を対象として避難所における新型コロナウイルス対策の確認を行った。

白石市消防団

　白石市消防団は、「自らのまちは自らで守る」の精神の下、地域住民の安全・安心な生活のため、火災発生時の消火活動はもちろんのこと、あらゆる災害に対し、昼夜を問わず献身的な活動を行っている。2016年度には女性消防団員も入団し、これまでの消防団活動に加え、予防・広報活動も積極的に実施している。

※消防団員を随時募集。消防団活動に興味のある18歳以上の方（男女は問わない）
問／市危機管理課
　　TEL0224-22-1452

＜白石市消防団 階子乗り隊＞

　消防団員が高さ8㍍の階子（はしご）の上で命綱を付けずに、華麗な技を繰り出す。市内の各種イベントで演技を行い、市民の防火思想の普及とともに、白石市の伝統文化の継承に力を尽くしている。

木造住宅耐震対策事業

　大規模地震時に木造住宅の倒壊を防ぐた

防災訓練の様子

避難所衛生担当職員の携行品

め、既存木造住宅の耐震に関わる各種助成事業を次の通り行っている。

1.木造住宅耐震診断助成

　木造住宅耐震診断士による耐震診断に要する費用の一部を助成する。

＜受付期間＞

　2023年2月28日まで

＜対象となる建築物＞

　1981年5月31日以前に建築した在来軸組構法または枠組壁構法の木造戸建て住宅（現在の建築基準法耐震基準が施行される以前の住宅）。

＜助成金額＞

　限度額は15万800円（市負担14万2400円、個人負担8400円）。これを超える部分（建物の延べ床面積が200平方㍍以上）の費用は自己負担。

2.木造住宅耐震改修工事助成

　耐震診断を受けた後、耐震改修工事を行う場合、その費用の一部を助成する。

＜受付期間＞

　2023年2月28日まで

＜対象となる建築物＞

　木造住宅耐震診断助成事業で作成した耐震改修計画に基づき、改修設計・工事を行う住宅。

＜助成金額＞

　耐震改修工事に係る費用の5分の4以内の額。補助限度額100万円。もしくは、その他の

東日本大震災による被害

改修工事も併せて実施する場合は、改修工事に係る費用の25分の22以内の額。補助限度110万円。
申込・問／市建設課 TEL0224-22-1326

3.耐震改修促進税制
旧耐震基準の既存住宅を、現行の耐震基準に適合させる耐震改修工事を実施した場合、所得税や固定資産税を軽減する。

＜所得税の控除＞
2023年12月31日までに耐震改修を実施した場合、以下の控除額（＝AおよびBの合計額）を所得税から控除する。
A：耐震改修に要した費用の10%（上限25万円）
B：以下①と②の合計額（Aと合計で1000万円まで）の5%
　①Aの費用のうち250万円を超える額
　②Aと併せて行う一定の増改築などの費用
※住宅借入金などの特別控除は別途要件あり。詳細については税務署まで

＜固定資産税の軽減＞
2024年3月31日までに耐震改修工事を行った建物は、120平方㍍相当部分まで固定資産税を1年間、2分の1に軽減する（改修費など50万円を超えるもの）。
申込・問／市税務課 TEL0224-22-1313

安否確認フラッグ

地震時の安否確認を速やかに実施することを目的として、2015年に市内全戸に配布した。

防災意識を高める「安否確認フラッグ」

大きな地震が発生した際、家にいる家族が無事であることが確認できた場合に、玄関や庭先などの見えやすいところに掲げることで、フラッグを掲げていない世帯に重点を置いて巡回を行うことにより、安否確認を速やかに実施することができ、人的被害の早期把握につなげている。
白石市総合防災訓練時に自主防災組織の安否確認訓練に使用するほか、自治会・自主防災組織の独自訓練でも活用するなど、住民の防災意識の高揚に寄与している。

しろいし安心メール

2006年3月にスタートしたサービス。あらかじめ登録されたメールアドレスに、災害関係情報や市からのお知らせなどを配信する。
＜登録方法＞
「t-miyagi-shiroishi@sg-p.jp」宛てに空メールを送信し、案内に従って登録する。二次元コード対応機種携帯電話を使用する人は下の二次元コードを利用できる。迷惑メール設定をしている方は「@sg-p.jp」からのドメイン解除が必要。
※登録は無料。ただし通信料・パケット通信費は登録者の負担

白石市ハザードマップ

白石市ハザードマップ

住民に防災に関する情報を提供し、事前の備えに役立てることを目的に、「白石市ハザードマップ」を作成した。自宅・学校・職場などの周辺にどのような災害の危険性があるのか、また最寄りの避難所・避難場所や避難経路の確認など、家庭や地域内での防災への取り組みに活用してほしい。

 災害時相互応援協定の締結先

北海道登別市、神奈川県海老名市
主な協定内容
3市において地震、火山、風水害、その他の危機が発生、または発生する恐れがある場合、被災地独自では十分な応急措置ができない場合に、市相互の応援・協力を行う。

奥州市、長井市
主な協定内容
地震や風水害などの大規模災害が発生した場合、物資の提供や復旧・復興に必要な人材の派遣、避難者の受け入れなどを相互に行う。また、人的支援や被災者の受け入れなどを通して、避難生活や復旧・復興を迅速にサポートする。

白石市自治会連合会、白石市民生委員児童委員協議会、白石市社会福祉協議会　ほか
主な協定内容
大規模災害発生時に自力で避難するのが困難で、最も命の危険にさらされる可能性が高いとされる「要援護者」を守ることを目的として、要援護者台帳と居住位置などを示す災害福祉マップを作成・共有する。

 電話帳

白石市
危機管理課
TEL0224-22-1452

警察
白石警察署
TEL0224-25-2138
消防
白石消防署
TEL0224-25-2259
ライフライン
【電気】
東北電力ネットワーク
TEL0120-175-366
【上・下水道】
白石市上下水道事業所
TEL0224-25-5522
【医療（救急告示医療機関）】
公立刈田綜合病院
TEL0224-25-2145
大泉記念病院
TEL0224-22-2111

角田市 ──防災安全課 TEL0224-63-2123

WEBサイト

公式SNS Facebook (@kakuda.koho)

角田市耐震改修促進計画

　大規模な地震が発生した場合に備え、地震による建築物の倒壊などの被害から市民の生命、身体および財産を保護することを目的に、既存建築物の耐震診断および耐震改修を計画的に促進するための枠組みとして2008年に策定した。

<計画期間>

　2008～25年度。なお、計画の進捗（しんちょく）状況の検証などにより、必要に応じて計画内容を見直すものとする。

<耐震化の目標>

1.住宅

　2025年度末までには、住宅の耐震化率を95%以上にすることを目標とする。

2.特定建築物

　2025年度末までにおおむね解消することを目標とする。

3.市有建築物

　地震による被害を最小限にとどめるため、防災上重要な拠点施設および多数の市民が利用する施設などの耐震化を優先するなど、防災対策上の重要度・緊急度を踏まえながら計画的に耐震化（耐震診断、建て替え、耐震改修、除却）を進め、2025年度末までに全施設を耐震化（100%）することを目標とする。

<住宅・建築耐震化の実施計画>

角田市消防団訓練の様子

1.住宅

①普及・啓発

　宮城県沖地震、利府－長町断層帯による地震による地域ごとの予測震度、被害想定などについて情報提供するとともに、耐震化技術、法律・税制、融資制度など地震対策に関する情報を、パンフレット、ウェブサイトなど多様な手段により、住宅の所有者、居住者に提供する。特に、宮城県沖地震への対応の緊急性、耐震診断・耐震改修の必要性については、十分に周知する。

②耐震診断の促進

　耐震診断の促進を図るため、耐震診断助成事業を実施するとともに助成制度の拡充に努める。

③耐震改修の促進

　助成事業を実施するとともに、助成制度の拡充に努める。特に高齢者のみの住宅や身体障害者などが同居する住宅をはじめ、避難場所・避難道路・緊急輸送道路などに沿った住宅について、耐震改修の促進を図る。

2.特定建築物

①普及・啓発

　宮城県沖地震、利府—長町断層帯による地震に対する地域ごとの予測震度、被害想定などについて情報提供するとともに、耐震化技術、法律・税制、融資制度など地震対策に関する情報をパンフレット、市ウェブサイトなど多様な手段により特定建築物の所有者、利用者などに提供する。特に宮城県沖地震への対応の緊急性、耐震診断・耐震改修の必要性については、建築物所有者などに十分に周知する。

②耐震診断の促進

　必要な情報提供などの拡充に努めるとともに、住宅・建築物耐震改修等事業の活用などを検討する。

③耐震改修の促進

　必要な情報提供などの拡充に努めるとともに、住宅・建築物耐震改修等事業の活用などを検討する。

3.市有建築物

①台帳の整備

　管理者、規模、構造、用途、建築・改築時期、耐震診断・耐震改修の有無・今後の予定などからなる台帳を整備する。

②耐震診断の実施

　整備された台帳を基に、耐震診断・耐震改修の緊急性を判断し、建物ごとに耐震診断・耐震改修の実施計画を定めるものとする。また、耐震診断については、耐震安全性が確保されていることが明らかなものを除いて、全ての対象建築物で2025年度までに実施する。

③耐震改修の実施

　策定された耐震診断・耐震改修の実施計画に沿って、計画的に耐震改修を進め、2025年度までに全ての耐震改修を終了する。

4.地震時に通行を確保すべき道路

　耐震改修促進法第6条第3項第2号により地震時に通行を確保すべき道路は、次の通り。

【緊急輸送道路】
（1次）国道113号の一部
（2次）市道大町一本柳線の一部
（3次）国道349号の一部、主要地方道角田山元線の一部、市道江尻梶賀線の一部、市道北大坊寄井線の一部、市道上北原北原北線の一部

問／市建築住宅課
　　TEL0224-63-0138

木造住宅耐震診断助成事業

　市から耐震診断士を派遣、診断することにより、木造住宅の地震に対する安全性の確保および向上を図り、市民の耐震対策を支援する。
※2022年度分の受け付けは終了

<対象住宅の条件>

※下記の全てを満たすことが必要
①1981年5月31日以前に着工された戸建て住宅
②木造で3階建て以下
③併用住宅の場合、延べ床面積の過半の部分が住宅用となっていること

<個人負担>

8400円（延べ床面積が200平方㍍を超える場合は割り増し）。
申込・問／市建築住宅課
　　　TEL0224-63-0138

木造住宅耐震改修工事助成事業

地震に強い安全なまちづくりを目指して、木造住宅の耐震化工事を実施する場合に工事費用の一部を補助している。
※2022年度分、募集中（2022年9月1日現在）

<対象住宅の条件>

※下記の全てを満たすことが必要
①1981年5月31日以前に着工された戸建て木造住宅
②耐震診断を受けている住宅
③過去にこの事業による補助を受けていないこと

<補助金額>

●耐震改修工事のみの場合、100万円以内（補助対象経費限度額125万円の5分の4以内の額）
●10万円以上のリフォーム工事または市内に建て替え工事を行う場合、110万円以内（補助対象経費限度額125万円の25分の22以内の額）
申込・問／市建築住宅課
　　　TEL0224-63-0138

危険ブロック塀等除去事業

道路に面するブロック塀などの倒壊による事故を未然に防止し、学童や通行人の安全を確保するため、倒壊などの危険性のあるブロック塀などを撤去する場合に経費の一部を補助し、市民の安全対策を支援する。

<対象となる条件>

※下記の全てを満たすことが必要
・道路に面するブロック塀などの所有者または管理者
・道路に面して設置されたもので、高さ1㍍以上のもの
（よう壁上の場合は0.4㍍かつ当該路面から高さ1㍍以上のもの）
・ブロック塀など実態調査において要改善以上の判定を受けたもの

<補助金額>

①「通学路・避難路」に面し、スクールゾーン内の場合（次のいずれか低い額、上限37万5000円）
・ブロック塀などの除去に係る経費×6分の5
・ブロック塀などの見付け面積×7200円×6

分の5
②「通学路・避難路及び避難地」に面する場合（次のいずれか低い額、上限30万円）
・ブロック塀などの除去に係る経費×3分の2
・ブロック塀などの見付け面積×7200円×3分の2
③「その他の道路」に面する場合（次のいずれか低い額、上限15万円）
・ブロック塀などの除去に係る経費×3分の1
・ブロック塀などの見付け面積×7200円×3分の1
申込・問／市建築住宅課
　　　TEL0224-63-0138

消防団員の募集

消防団は、法律に基づき市町村ごとに設置される消防機関である。その構成員である消防団員は、非常勤特別職の地方公務員として地域に密着し、住民の安全・安心を守るという重要な役割を担う。

加入資格は市に居住する満18歳以上の人。団員には出場に伴う報酬や退職金制度、被服の貸与、表彰制度などがある。近年は団員数が減少しているため、地域に貢献してくれる人はぜひ連絡を。
問／市防災安全課
　　　TEL0224-63-2123

地区防災計画の推進

市では、自主防災組織などによる地区防災計画作成の推進を行っている。地区住民が主体となる地区コミュニティーによる「共助」を推進するもので、主な取り組みとしては、緊急連絡体制の再確認、危険マップ作成などが挙げられる。また、取り組みを通して、地域づくりや防災意識向上につなげる目的がある。

市では、講習会や防災講話の実施の他、随時地区からの問い合わせに対応し推進を図っている。
問／市防災安全課
　　　TEL0224-63-2123

かくだ安全・安心メール

市から市民に、防災・防犯関連などの情報を、パソコン・携帯電話へメールで配信している。利用希望者は、あらかじめメールアドレスを下記の方法で登録する必要がある。

<配信内容>

1.風水害・地震・火災などの災害および防災関連情報（市防災安全課から配信）
2.不審者などの防犯関連情報など（市各課から配信）

<登録方法>

・市ウェブサイトに掲載されている登録手順に沿って、QRを読み取る。または掲載されたリンクを開き、メールの配信を希望するアドレスを登録する。
・「t-kakuda-city@sg-p.jp」へ空メール（件名、本文は空欄）を送信。折り返し届く「登録案内メール」の手順に従って登録する。
問／市防災安全課
　　　TEL0224-63-2123

蔵王町

総務課
TEL0224-33-2211

WEBサイト

公式SNS　Facebook (@town.zao)

災害時要援護者台帳

災害時に自力で避難することが難しく、周りからの支援を必要とする高齢者や障害者といった「災害時要援護者」が対象。事前に氏名、住所、緊急連絡先などを災害時要援護者台帳に登録してもらい、地域の支援者および災害時関係機関に提供することで、災害時などの迅速な支援に役立てる。

＜登録対象＞
町内在住で災害時、地域での支援を希望し、次のいずれかに該当する方。
1. 身体障害者手帳1～3級の方
2. 療育手帳AおよびBの方
3. 精神障害者保健福祉手帳1～3級の方
4. 一人暮らしの高齢者または高齢者のみの世帯の方
5. 寝たきりの高齢者または認知症高齢者
6. 難病患者
7. 乳幼児
8. その他支援が必要な方

＜登録方法＞
町ウェブサイト内の「災害時要援護者登録申請書兼台帳」をダウンロードし、必要事項を記入の上、保健福祉課または地区担当の民生児童委員に提出する。
※この台帳に記載される個人情報は、災害時の援護に役立てる目的にのみ使用する
※登録を希望する方は、支援を受けるために必要な個人情報を地域の支援者（行政区長、民生児童委員）および災害時関係機関（警察署、消防署、社会福祉協議会など）へ提供することに同意する方とする
※多くの方に制度を理解し申請してもらうため、対象と思われる世帯に民生委員や児童委員が訪問する
申込・問／町保健福祉課
　　　　TEL0224-33-2003

自主防災組織の充実

町では、自主防災組織の充実を図るため、活動を支援する事業を行っている。

1.自主防災組織支援事業補助金
行政区を単位として、自主防災組織設立の届け出があった組織に対し、防災資機材の整備や訓練・啓発に必要な経費の一部を補助する。

2.指定避難所（地区集会所）用太陽光発電システム設置事業補助金
自主防災組織が指定避難所（地区集会所）に太陽光発電システムを設置する場合、設置費用の一部を助成する。
申込・問／町総務課
　　　　TEL0224-33-2211

火山防災マップ・蔵王町防災ガイド

蔵王山火山防災協議会では、蔵王山周辺市町の住民や観光などで滞在される方々などに火山災害の危険性や避難の必要性を理解してもらうため、2002年3月版を改訂した火山防災マップ（17年1月版）を作成した。

このマップは、15年5月に国が策定、公表した「蔵王山火山噴火緊急減災対策砂防計画」を基に、蔵王山が噴火した場合に予想される噴火の規模や火山現象の種類、それらを起因とする被害が想定される区域を示したほか、避難場所や避難する際の心得などを掲載している。なお、融雪型火山泥流の被害想定区域を詳しく掲載するため、宮城版と山形版をそれぞれ作成している。

また、町では火山防災以外の災害にも対応した「蔵王町防災ガイド」を作成した。被害を少なくし自分、家族、地域を守るには、防災に日頃から備えておくことが必要。家族での役割分担、避難場所、連絡方法などの確認のために活用を呼び掛けている。

災害時相互応援協定の締結自治体

東京都葛飾区
主な協定内容
葛飾区または蔵王町の区域において大規模災害が発生した際、相手方に救援物資の提供、職員の派遣、被災住民の受け入れなどの応援を行う。
茨城県常陸大宮市、東松島市、秋田県東成瀬村、新潟県出雲崎町、長野県下條村・大桑村、岐阜県海津市、奈良県五條市・野迫川村・十津川村、大阪府河南町、徳島県牟岐町、熊本県錦町、宮崎県高原町

主な協定内容
大規模災害時に食料や生活必需品の提供、職員の派遣などを行う。同時に被災する恐れの少ない遠隔地同士で支援する体制を整え、東日本大震災のような広域災害に備えるのが目的。

東京都葛飾区との調印式の様子

電話帳

蔵王町
総務課
TEL0224-33-2211
警察
白石警察署永野駐在所
TEL0224-33-2016
白石警察署宮駐在所
TEL0224-32-2103
白石警察署遠刈田駐在所
TEL0224-34-2304
白石警察署平沢駐在所
TEL0224-33-2004
消防
白石消防署蔵王出張所
TEL0224-33-2011
ライフライン
【電気（停電・緊急時用）】
東北電力ネットワーク
TEL0120-175-366
【上・下水道】
蔵王町上下水道課
TEL0224-33-3000
【医療（救急告示医療機関）】
国保蔵王病院
TEL0224-33-2260

七ヶ宿町

総務課
TEL0224-37-2111

WEBサイト

公式SNS　Facebook (@shichikashuku.302)　Twitter (@shichi2111)

災害情報などの伝達・防災行政無線

町では災害時などに、町民に迅速かつ的確に情報を伝えるため、防災行政無線を整備し、1997年4月から運用を開始した。

当初から全世帯、教育施設および公共施設に戸別受信機を設置するとともに、各地区には屋外拡声子局（スピーカー）を設置した。戸別受信機は無償貸与。戸別受信機や屋外拡声子局での定時・随時放送（行事や一般行政情報など）、時報（音楽で時刻を知らせる）、緊急放送（地震、風水害、火災の発生など）が主な放送内容となっている。

2012年度には、防災行政無線（同報系）のデジタル化工事が終了している。

J-ALERTの運用

防災無線放送の様子

町では緊急地震速報など国が発信する情報を受信した場合、防災行政無線を自動起動させ、町民に緊急放送として知らせる全国瞬時警報システム（J-ALERT）を運用している。このシステムでは、国が「緊急地震速報」「国民保護情報」など、対処に時間的余裕がない緊急情報を人工衛星を用いて直接市町村に送信し、防災行政無線を自動起動させ、音声放送を流し、緊急情報を伝達するもの。同システムによる情報伝達は瞬時に行う必要があるため、2017年度新システムに更新、迅速な情報伝達に努めている。放送を聞いた後は、テレビ・ラジオなどによる情報の補足が必要である。

ウェブカメラ

町では、役場庁舎屋上に設置したカメラで周辺の様子を撮影し、町のウェブサイトで公開している。2013年3月には、災害発生時に災害の状況を把握することを目的として、町内6地区に災害ネットワークカメラを設置した。各地区を撮影した1時間おきの静止画を公開している。

＜利用方法＞

町ウェブサイト→トップ画面→七ヶ宿町ライブカメラ

自主防災活動

東日本大震災を教訓とし、地域防災機能強化のため、自治会単位で行う防災活動に対し、東日本大震災復興基金を活用した補助金交付要綱を制定。災害時における避難所となる各地区公民館を中心に必要な防災設備、防災備品などの整備を完了した。

＜補助対象＞

自主防災組織設立および打ち合わせなどに要する経費。

消防団の活動

消防演習の様子

町の消防団は、三つの分団と自動車部で構成。団員は特別職の公務員として、普段はそれぞれの職業に就きながら、火災現場での消火活動や自然災害などから地域の安全を守る役割を果たしている。町の安全を守り、安心して暮らせる生活のためには、消防団員の力が必要。消防団員の減少や高齢化などの問題を解消するため、地域の安心・安全の担い手として団員を募集している。加入要件は、町の区域に居住、または勤務する18歳以上で、志操堅固かつ身体強健な方。

木造住宅耐震診断助成事業

町では、住宅の地震に対する安全性の確保・向上を図り、震災に強いまちづくりを推進することを目的に、木造住宅耐震診断費用の助成を行っている。

＜対象＞

①1981年5月31日以前に着工された木造戸建て住宅

②在来軸組構法（太い柱や垂れ壁を主な耐震要素とする伝統的構法で建てられた住宅を含む）、または枠組壁工法による木造平屋建てから木造3階建てまでの住宅

③七ヶ宿町木造住宅耐震診断士派遣事業を受けている住宅にあっては、耐震診断の総合評点が1.0未満の住宅

④過去に、この要領に基づく耐震診断など、または改修計画などを受けていない住宅

申込・問／町農林建設課
　　　TEL0224-37-2115

木造住宅耐震診断助成事業に係る費用

延べ面積	派遣費用総額	派遣費用総額のうち町負担額	派遣費用総額のうち派遣対象者負担額
200㎡以下	15万800円 (13万3100円)		8400円 (7500円)
200㎡超え 270㎡以下	16万1300円 (14万2600円)	14万2400円 (12万5600円)	1万8900円 (1万7000円)
270㎡超え 340㎡以下	17万1700円 (15万2000円)		2万9300円 (2万6400円)
340㎡超え	18万2200円 (16万1400円)		3万9800円 (3万5800円)

※上記（ ）内の金額については、上部構造の評点が1.0以上で、重大な地盤・基礎の注意事項がないため、耐震改修計画を作成しない場合の金額を示す

災害時相互応援協定の締結自治体

山形県高畠町、福島県桑折町
主な協定内容
　食料や医薬品といった救援物資の提供、職員の派遣。

電話帳

七ヶ宿町
総務課
TEL0224-37-2111

警察
白石警察署関駐在所
TEL0224-37-2004
白石警察署湯原駐在所
TEL0224-37-3040

消防
白石消防署七ヶ宿出張所
TEL0224-37-2100
七ヶ宿町消防団／横川班詰所
TEL0224-37-2926
七ヶ宿町消防団／長老班詰所
TEL0224-37-2958
七ヶ宿町消防団／滑津班詰所

TEL0224-37-2811
七ヶ宿町消防団／峠田班詰所
TEL0224-37-3355

ライフライン
【電気（停電・緊急時用）】
東北電力ネットワーク
TEL0120-175-366
【上・下水道】
七ヶ宿町農林建設課
TEL0224-37-2115
【医療】
七ヶ宿町国保診療所
TEL0224-37-2002

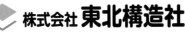

大河原町

総務課
TEL0224-53-2111

公式SNS　Facebook (@town.ogawara)

大河原町地域防災計画

万が一に備えた消防演習

　町民の生命や財産を災害から守るとともに被害を軽減することを目的として、災害対策基本法に基づき「大河原町地域防災計画」を作成している。

　この計画は1964年に初めて作成し、91年に全面的に改正した。99年には阪神・淡路大地震を教訓に「震災対策編」を追加。また、宮城県北部地震などの災害を教訓に2006年と08年に計画の一部を修正している。14年には東日本大震災の経験をはじめ、近年における豪雨、大雪などの自然災害に対して効果的な災害対策を講じるため、計画の見直しを行なっている。これに併せ、避難施設についても大幅に見直し、新たに公園などの緊急避難場所のほか、

福祉施設と協定を結び福祉避難所も指定している。

　災害対策基本法の改正に伴う警戒レベルに対応した避難情報や避難行動の変更、2019年東日本台風（台風第19号）をはじめとする水害などの教訓、近年の頻発・激甚化している災害への備え、コロナ禍における感染対策を加味した避難所運営などを踏まえ、22年3月に改訂を行っている。
問／町総務課TEL0224-53-2111

大河原町学生消防団員活動認証制度

　大学生などが消防団員として継続的に消防団活動に取り組んだ者について、町長がその功績を認証する制度を設けた。在学中に大河原町消防団員として1年以上継続的に活動を行った大学生などが対象となり、就職活動時に活用できる認証証明書を交付する。この制度は、就職活動を支援するとともに、若年層の本町消防団への入団を促進することを目的としている。
問／町総務課TEL0224-53-2111

大河原町防災メール

　風水害や地震災害などに関する情報を町民にメールで配信するサービスを提供している。迷惑メール防止の受信制限設定を行っている

方は、登録前に「@wbi.jp」からの受信を可能にする設定が必要。登録方法など詳しくは町のウェブサイトで確認を。
問／町総務課 TEL0224-53-2111

消防団員募集

　「自分たちのまちは、自分たちで守る」の精神で、大河原町消防団は活動している。入団資格は町内に在住または勤務する18歳以上の方。詳しくは問い合わせを。
問／町総務課 TEL0224-53-2111

災害時相互応援協定の締結自治体
宮城県・県内全市町村 ほか
主な協定内容
・食料などの支援物資提供
・緊急時の職員派遣
・被災住民の受け入れ ほか

電話帳

大河原町
総務課
TEL0224-53-2111
警察
大河原警察署
TEL0224-53-2211
大河原警察署大河原駅前交番
TEL0224-53-5353
大河原警察署金ケ瀬駐在所
TEL0224-52-2329
消防
仙南地域広域行政事務組合消防本部
TEL0224-52-1050
大河原消防署
TEL0224-52-1136
消防テレホンサービス
TEL0180-992-123
ライフライン
【電気（停電・緊急時用）】
東北電力ネットワーク
TEL0120-175-366
【上・下水道】
大河原町上下水道課
TEL0224-53-2116
【医療（救急告示医療機関）】
みやぎ県南中核病院
TEL0224-51-5500

防災訓練の様子

 村田町 ──総務課 TEL0224-83-2111

公式SNS Facebook (@town.murata.miyagi)

自主防災組織支援事業

応急手当訓練　　　　土のう積み訓練

　東日本大震災を経験し、災害時における「共助」の重要性が再認識されたことにより、地域住民の防災意識のさらなる高揚を図るため、町内に21ある全行政区単位の自主防災組織づくりを推進。現在、全地区に自主防災組織が設立された。さらに、自主防災組織間の連携を高めるため2020年10月に自主防災組織連絡協議会を設立し、組織間の連絡調整を図るとともに地域防災体制の充実強化に努めた。

　町では、設立された自主防災組織に対し、防災対策用の資機材などを整備および更新するための費用や、各種訓練および研修会の運営費に対する補助金を交付し、地域住民による防災活動を支援している。

村田町消防団

　村田町消防団は火災発生時の消火活動をはじめ、風水害や地震などの各種災害時に、人命の救助・救出、避難誘導、災害により被災した箇所の応急対応策など、さま

村田町消防団の消防演習

ざまな活動を行っている。また、女性消防隊が組織されており、1993年に婦人消防隊として結成され、同年に開催された第9回全国婦人消防操法大会に宮城県代表として出場し、全国優勝の栄に輝いた実績を持つ。現在は独身の若い方も入団したことから女性消防隊に改称し、8名と少ない人数であるが、男性団員と連携し防火・防災思想の普及啓発を行っている。

　2020年11月に、役場職員で構成する村田町消防団本部役場班を結成し、町民の生命・財産を守るため、平日昼間の消防力の確保と対応強化を図った。

　町では、「自分たちの地域は自分たちで守

る」という郷土愛の精神と旺盛な責任感を持つ消防団員を随時募集しており、町内に在住または通勤・通学する18歳以上（男女を問わない）の方で、将来の担い手となる若い世代の入団を求めている。
問／町総務課防災班 TEL0224-83-2111

避難行動要支援者名簿

　高齢者や障害者など、災害時に自力で避難することが難しく、周りからの支援を必要とする方を「避難行動要支援者」といい、こうした方の同意を基に、氏名、住所、緊急連絡先などの情報を登録してもらい、あらかじめ地域の支援者および災害時関係機関に情報を提供することで、災害時などにおける支援に役立てようというもの。

<対象者>

災害時に地域での支援を希望する在宅の方で、次のいずれかに該当する方。
1.65歳以上で一人暮らしの方または65歳以上のみの世帯
2.要介護3～5の介護認定を受けている方
3.身体障害者手帳1～3級の方
4.療育手帳AおよびBの方
5.精神障害者保健福祉手帳1～3級の方
6.その他支援が必要な方

<登録方法>

　支援を受けるために必要な個人情報を行政

区長、民生委員・児童委員、警察署、消防署、村田町社会福祉協議会などへ提供することに同意する方が対象。登録する場合は「避難行動要支援者登録申請書」を健康福祉課または地区担当民生委員・児童委員に提出する。なお、多くの方に制度を理解し申請してもらうため、対象と思われる住宅に民生委員・児童委員が訪問する。
※この名簿に記載されている個人情報は、災害時の支援に役立てる目的にのみ使用する
申込・問／町健康福祉課
　　　　　TEL0224-83-6402

メール配信サービス

　登録をした方に、災害・防災に関する情報などさまざまな情報を電子メールで配信する。携帯電話やパソコンで受け取れる。

<配信メール一覧>

・災害の発生に関する情報
・災害時の生活関連情報
・防犯など、暮らしの安全に関する情報
・みまもりネットワーク（所在不明になった方の情報提供）
※登録は無料。ただし、メールの受信などにかかる通信料・パケット通信費は登録者の負担

<登録方法>

①ml@mm.town.murata.miyagi.jpへ空メールを送信（件名、本文は空欄のまま）
※右の二次元コードも利用できる
②登録受付メールが届くので、メールに記載してあるURLから登録画面に進む
※町ウェブサイトの「メール配信サービス」のページからも登録が可能
http://www.town.murata.miyagi.jp/
問／町総務課 TEL0224-83-2111

災害時相互応援協定の締結自治体

兵庫県多可町
主な協定内容
　いずれかの町で災害が発生し、それぞれ町独自の対応では十分な応急措置を講じることが困難な状況に陥った場合、応急対策や復旧対策などの円滑な遂行を相互応援する。村田町の老舗酒蔵大沼酒造店の酒蔵で造られる「乾坤一」に、多可町産の日本一の酒米「山田錦」が使われているという縁があるのにちなみ、協定名の「応援」の「援」の字を「縁」にしている。

電話帳

村田町
総務課
TEL0224-83-2111
警察
大河原警察署村田駐在所
TEL0224-83-2211
大河原警察署沼辺駐在所
TEL0224-52-6730
消防
大河原消防署村田出張所
TEL0224-83-2408
ライフライン
【電気（停電・緊急時用）】
東北電力ネットワーク
TEL0120-175-366
【上・下水道】
村田町建設水道課
TEL0224-83-2870

柴田町 ── 総務課 TEL0224-55-2111

公式SNS　Facebook (@town.shibata)

消防団の放水訓練の様子

柴田町、宮城三菱自動車販売株式会社
「災害時等における電動車両及び給電装置の貸与に関する協力協定書」
締結式

宮城三菱自動車販売との協定締結式

防災行政無線をデジタル化

　2020年6月から防災行政無線のデジタル化に着手し、21年7月から運用を開始した。これまでのアナログ方式と比べるとデジタル方式の電波は直進性が高く、広範囲に電波が届きやすくなることから、携帯無線機の通信性能が向上する。

　また、町内に17カ所設置されていた屋外拡声子局（スピーカー）は、これまで遠隔での放送ができなかったが、今後は2カ所を追加し19カ所から一斉に放送することが可能となった。

　さらに、一人暮らしの高齢者や障害者などに無償貸与する防災ラジオ（戸別受信機）の運用も始まったため、災害関連情報の取得手段の一つとして活用する。

防災行政無線親局設備

防災ラジオ（戸別受信機）

消防団協力事業所表示制度

　柴田町消防団に積極的に協力している事業所などに対して、町長が消防団協力事業所表示証を交付し、地域の消防防災力の充実強化などの一層の推進を図ることを目的とする制度。

表示証を交付されると、宮城県の建設工事に係る競争入札で評点の加算がある。

＜認定条件＞
次のいずれかに該当していること。
・従業員の3人以上が消防団員として入団し、従業員の消防団活動について積極的に配慮している事業所などであること
・災害時などに事業所などの資機材などを消防団に提供するなど協力している事業所などであること
・消防団活動に協力し、地域の消防防災体制の充実強化に寄与している事業所などであること

＜申請方法＞
町総務課にある用紙に記入して提出する。
問／町総務課
　　TEL0224-55-2111

消防団員募集

　町の各消防団では随時、消防団員を募集している。町内に在住または通学、勤務している18歳以上なら誰でも入団できる。学生、女性の入団も可。

＜仕事内容＞
　火災発生時の消火活動をはじめ、地震、風水害などの災害時における救助、救出活動、平常時の火災予防活動など。

＜入団後の処遇＞
・非常勤の特別職
・報酬などの支給（年額3万6500円から）
・出動手当は災害対応1日当たり4000～8000円、その他の活動1回2300円。出動費用弁償は1日500円
・5年以上勤務して退団した場合、勤務年数や階級に応じた退職報償金の支給
・被服の貸与
・各種表彰制度
問／町総務課
　　TEL0224-55-2111

災害時相互援助協定の締結先

岩沼市、北上市、伊達藩「ふるさと姉妹都市・歴史友好都市」連絡協議会（北海道伊達市、宮城県亘理町、山元町、福島県新地町）　ほか
主な協定内容
　災害時の応急支援物資供給、応急復旧業務の応援、レンタル機材提供、電力設備災害復旧、災害時用段ボール用品の優先支援、石油燃料の優先

供給、緊急の災害放送、電動車両及び給電装置の貸与など。

電話帳

柴田町
総務課
TEL0224-55-2111
警察
大河原警察署柴田交番
TEL0224-55-1240
大河原警察署槻木駐在所
TEL0224-56-1204

消防
柴田消防署
TEL0224-55-2012
柴田消防署槻木派出所
TEL0224-56-1504
ライフライン
【電気（停電・緊急時用）】
東北電力ネットワーク
TEL0120-175-366
【上・下水道】
柴田町上下水道課
TEL0224-55-2118

しばたの郷土館　指定避難所
※災害の程度による

さまざまな創作活動に利用可能で、町内企業の工業製品も展示PRしています。

所在地／柴田郡柴田町船岡西一丁目6-26
TEL0224-55-0707　FAX0224-58-1911

開館時間
午前9時から午後5時
（受付終了午後4時30分）
※ただし、夜間に貸館利用等がある場合は、午後9時

休館日
毎週月曜日
（ただし、月曜日が祝日の場合は翌日が休館）
年末年始（12月28日から1月4日）

交通
JR船岡駅下車　徒歩約15分
東北自動車道村田IC　約20分
国道4号線　仙台から車で30分

川崎町

総務課
TEL0224-84-2111

WEBサイト

公式SNS　Facebook (@miyagikawasakitown)　Twitter (@miyagi_kawasaki)

消防防災施設の整備事業

＜小型動力ポンプ積載車格納庫＞

消防用小型動力ポンプ積載車格納庫の計画的な整備を実施している。具体的には、老朽化や手狭といった問題を抱える既設格納庫を更新し、迅速な消火活動を確保するなど、消防体制の強化が狙い。

軽量鉄骨造りに更新した格納庫

＜耐震型防火水槽の整備＞

消防用水利の確保対策として、防火水槽の計画的な整備を実施している。近年は、東日本大震災において断水により消火栓が使用できなかった経緯などを踏まえた施設の配置計画など、安定した消防水利の確保による消防体制の強化が狙い。

耐震型で容量40㌧級の防火水槽

消防団組織の強化対策事業

消防演習「機械器具点検」の様子

防火訓練や消防演習などへの積極的な参加による消防技術の向上と防災意識の高揚、若手団員の育成を図るとともに、移動系デジタル無線の整備促進により、緊急時における情報連絡体制を強化している。また、長年の使用により老朽化していた活動服を更新するなど、消防団装備の充実に努めている。

＜組織概要＞

6分団28班構成、団員数は227人（2022年7月31日現在）。

腕用ポンプが復活

大正時代に撮影された腕用ポンプと地元消防組の団員

1911（明治44）年に「川崎消防組笹谷班（当時）」が導入した腕用ポンプを2015年に発見し、団員の手により修復・復元がなされた。消防演習では、団員によって放水を披露するなど、町民の「防火意識」醸成にも努めている。

消防演習での放水

自主防災組織の活動支援

自主防災組織などによる「倒壊家屋からの救出訓練」の様子

保存用飲料水の備蓄に加え、2018年に非常用浄水器も導入し災害時の断水に備えている

大規模災害時における町民一人一人の自助と、地域の協力による共助を円滑に行うため、町では自主防災組織の設立時における防災資機材などの購入支援を行っている。さらに、防災活動において中心的な役割を担う人材を育成するため、県防災指導員養成講習会の参加補助、ならびに訓練の企画運営を支援している。

 災害時相互応援協定の締結自治体

・児童生徒の受け入れ
・被災者に対する住宅のあっせん　ほか

愛知県蒲郡市・常滑市
主な協定内容
・食料、飲料水、生活必需品の援助
・被災者の救出、医療、防疫、施設など応急復旧に必要な資機材、物資の提供

電話帳

川崎町
総務課
TEL0224-84-2111
警察

調印式の様子（左：蒲郡市、右：常滑市）

大河原警察署川崎駐在所
TEL0224-84-2211
大河原警察署青根駐在所
TEL0224-87-2202
消防
大河原消防署川崎出張所
TEL0224-84-2370
ライフライン
【電気（停電・緊急時用）】
東北電力ネットワーク
TEL0120-175-366
【上・下水道】
川崎町建設水道課
TEL0224-84-2306
【医療（救急告示医療機関）】
国保川崎病院
TEL0224-84-2119

丸森町

総務課
TEL0224-72-3020

公式SNS　Facebook (@marumori.town)

防災マップ (デジタル防災マップ)

デジタル防災マップ

町では、2019年東日本台風災害の教訓や、毎年のように発生している大規模災害への備えとして、「丸森町防災マップ」を22年2月に改訂し、住民に配付した。21年6月に公表された阿武隈川支流の「内川 (新川、五福谷川を含む)」および「雉子尾川」の浸水想定区域図や、東日本台風災害で発生した土砂災害箇所も掲載した。

また、パソコンやスマートフォンでも閲覧ができる「デジタル防災マップ」(ウェブ版) も併せて構築した。

<デジタル防災マップ利用方法>

町ウェブサイトの防災マップ、次にデジタル防災マップを選択し、利用条件を確認後「同意する」と利用できる。

表示を切り替えることで「洪水災害&土砂災害」のほかに「地震」や「消防水利」の確認もできる。

また共通事項としてマップ上のアイコンをクリックすると指定避難所などの個別情報を確認することができる。
問／町総務課 TEL0224-72-3020

避難行動要支援者名簿登録

災害発生時や災害が発生する恐れがあるときに、家族らの援助が困難で何らかの支援を必要とする方たちの名簿登録を進めている。

<対象>

①65歳以上の一人暮らし高齢者または高齢者のみの世帯および同居者全員が不在により実質的な独居状態となる65歳以上の高齢者で、災害時の自力避難に不安がある方
②要介護3以上の認定を受けている方
③身体障害者手帳 (1級、2級) を所持する方
④生命を維持するために医療装置を常に必要とする在宅患者 (人工呼吸器の使用、人工透析、在宅酸素療法)
⑤療育手帳 (A判定) を所持する方
⑥精神障害者保健福祉手帳 (1級、2級) を所持する単身世帯の方
⑦難病患者 (重度認定患者)
⑧その他支援が必要と認められる方 (施設や病院などに長期入所・入院されている方は対象にならない)

<必要事項>

登録には「災害時避難行動要支援者個別計画書 (あんしんカード)」の提出が必要。名簿には個人情報が記載され、行政運営推進委員、民生委員・児童委員などに情報提供される。

また、登録を希望する方に対し、普段からの見守りや災害時に一緒に避難するといった支援を依頼する「地域支援者」を決めてもらう。
問／町保健福祉課 TEL0224-72-2115

まるもり安心・安全メール

町から町民へ、防災や防犯に関する情報などを携帯電話やパソコンにメールで配信している。利用希望者は下記の方法であらかじめメールアドレスの登録が必要。

なお、携帯電話を持ってなかったり、電波の届きにくい地域に住んでいたりする方は、子や

まるもり安心・安全メールの受信時イメージ

孫、親戚、知人などに登録してもらい、メールを受信した際に固定電話へ連絡をしてもらうなどの活用も可能。

<配信内容>

●防災・災害情報…崖崩れや大雨などによる通行止め、避難指示などの情報
●防犯情報…不審者や不明者に関する情報
●行政情報…町からの生活情報

<登録方法>

下記アドレスに空メールを送信。折り返し届く「登録案内メール」で登録する。(件名、本文は空欄)
maru-safety@info.town.marumori.miyagi.jp
問／町総務課 TEL0224-72-3020

 災害時相互応援協定の締結自治体

角田市、山元町、亘理町、北海道北見市
主な協定内容

地震、台風および水害や火災などの非常事態が発生した場合、職員の派遣や資機材の提供といった相互応援を行う。

電話帳

丸森町
総務課
TEL0224-72-3020
警察
角田警察署丸森交番
TEL0224-72-2211
角田警察署筆甫駐在所
TEL0224-76-2110
角田警察署大内駐在所
TEL0224-79-2110
角田警察署大張駐在所
TEL0224-75-2110
消防
角田消防署丸森出張所
TEL0224-72-1244
ライフライン
【電気 (停電・緊急時用)】
東北電力ネットワーク
TEL0120-175-366
【上・下水道】
丸森町建設課水道班
TEL0224-72-3018
【医療 (救急告示医療機関)】
国保丸森病院
TEL0224-72-2131

仙塩エリア

96 ▶ 97 　塩竈市

98 ▶ 99 　多賀城市

100　松島町

101　七ヶ浜町

102　利府町

◎ 塩竈市

危機管理課
TEL022-355-6491

公式SNS Facebook (https://www.facebook.com/people/塩竈市/100064405760513/)

塩竈市総合防災訓練

東日本大震災の教訓を基に、「県民防災の日」に合わせ、6月の第2日曜に市内全域（各指定避難所、小・中学校、町内会、自主防災組織など）で、大規模災害に備えた各種の訓練を実施する。
問／市危機管理課危機管理係
　　TEL022-355-6491

災害情報伝達手段の強化と多様化

災害時は状況に応じて、同報系防災行政無線（防災無線）で情報提供や注意喚起、避難指示などを行う。放送は屋外スピーカー子局（全78局）から市内全域に流れると同時に、防災ラジオ（避難行動要支援者に配布）や戸別受信機（指定避難所や集客施設などに配備）およびコミュニティーFM「ベイウェーブ」（78.1メガヘルツ）に強制割り込みする。加えて、緊急度が高い場合は携帯電話各社の緊急速報メールの発信を行う。
放送内容が聞き取れないときは、自動応答サービス（TEL022-364-1260）に電話すると、直近の放送内容を確認できる。
問／市危機管理課危機管理係
　　TEL022-355-6491

防災公園などの整備

指定緊急避難場所の清水沢公園に、飲料水兼用耐震性貯水槽（水量60トン、約2万人分の給水が可能）、水を使わない貯留式の災害用マンホールトイレ13基（計7800リットルの糞尿をためられる）などを整備した。
市内中心部にある指定避難所の市立第一小には、水量30トンの飲料水兼用耐震性貯水槽を整備。
問／市危機管理課危機管理係
　　TEL022-355-6491

津波避難マップの配布

東日本大震災の津波被害、浸水区域などを踏まえ、津波が発生した場合に避難を要する区域や、避難に適した場所、避難所などを示した「津波避難マップ」を2017年6月に市内全戸に配布するとともに、新たに転入した世帯にも配布している。市のウェブサイトでも公開している（「塩竈市津波避難マップ」で検索）。
現在、地域防災計画、津波避難計画およびハザードマップの見直しを行っている。23年3月までに改訂する予定。
問／市危機管理課危機管理係
　　TEL022-355-6491

避難行動要支援者台帳への登録と防災ラジオの配布

災害時の避難に手助けを必要とする高齢者や障がい者などを、地域の共助で避難支援するため、避難行動要支援者台帳への登録を呼び掛けている。台帳に登録された方に、防災ラジオを配布。災害時に防災行政無線が放送されると、防災ラジオの電源が自動的に起動して、同じ内容がラジオから流れる。
問／市高齢福祉課
　　TEL022-364-1204

大切なわが家、わがまちを守る共助の防災組織

「消防団」「自主防災組織」は、災害から地域を守る要となる組織として、入団・設立・加入を促進している。
問／市危機管理課危機管理係
　　TEL022-355-6491

耐震診断・改修の促進

【木造住宅耐震診断助成事業】

住宅の所有者が希望する場合に、市では耐震診断士を派遣して耐震診断や耐震改修計画を行っている。
＜対象住宅＞1981年5月31日以前に建築された戸建て木造住宅
＜耐震診断費用＞延べ床面積200平方メートル以内8400円（200平方メートルを超える場合は問い合わせを）
＜募集件数＞詳細は問い合わせを
＜受付期間＞2024年1月31日まで
問／市まちづくり・建築課
　　TEL022-364-1126

【木造住宅耐震改修工事助成事業】

耐震診断助成事業で作成した改修計画に基づき、耐震改修や建て替えの工事を行う方を対象に助成する。
＜補助内容＞
●耐震改修工事助成
耐震改修工事費用の5分の4の額（限度額100万円）。改修内容により、以下の補助を合わせて受けることができる。
その他工事助成…耐震改修工事と併せてその他の工事（10万円以上）を行う場合、その費用の2分の1の額（限度額20万円）
＜募集件数＞いずれも先着順
・耐震改修工事助成　詳細は問い合わせを
・その他工事助成　　詳細は問い合わせを
＜受付期間＞2024年1月31日まで
※改修工事の内容により、補助が変わることがある。詳しくは問い合わせを
問／市まちづくり・建築課
　　TEL022-364-1126

耐震改修リフォーム相談窓口

耐震改修のリフォームに関する相談窓口を開設している。平日9:00〜15:00、市役所壱番館庁舎2階まちづくり・建築課または電話で受け付ける。
問／市まちづくり・建築課
　　TEL022-364-1126

塩竈市津波防災センター

主に東日本大震災の発災から1週間に焦点を当て、塩竈市での被害や出来事、得られた教訓

を後世に伝承し、防災知識の啓発を目指した展示を行っている。1日ごとの被害や生活の状況、得られた教訓などをまとめたパネル、当時の映像集があり、CGで再現された市の状況や当時の写真を自由に閲覧できる「知識の種」などを設置している。

津波災害時には一時避難施設として利用でき、市営汽船欠航時の乗客待機場所などとしても活用する。入場無料。
塩竈市港町1-4-1（マリンゲート塩釜隣）

開／9:00〜17:00
休／月曜（祝日の場合は開館、翌平日休み）、第2火曜、12月29日〜1月3日
TEL022-794-7232

ショッピングセンターとマリンゲート塩釜を結ぶ津波避難デッキ

塩竈市津波防災センター外観

 災害時相互応援協定の締結自治体

岐阜県各務原市、兵庫県養父市、長野県須坂市、愛知県碧南市、村山市、花巻市、大館市、三沢市、宮城県（県内各市町村）
主な協定内容
・災害時における救援、防疫および応急復旧に必要な職員の派遣や食料、飲料水など生活必需品の供給、資機材の提供　ほか
・平常時から市民レベルでの交流など

 電話帳

塩竈市
市危機管理課危機管理係
TEL022-355-6491
防災行政無線
自動応答サービス
TEL022-364-1260
警察
塩釜警察署
TEL022-362-4141
塩釜警察署尾島町交番
TEL022-366-4580
塩釜警察署塩釜駅前交番
TEL022-362-7528

塩釜警察署新浜町交番
TEL022-362-5856
消防
塩釜地区消防事務組合
消防本部
TEL022-361-0119
塩釜消防署
TEL022-361-1621
ライフライン
【電気（停電・緊急時用）】
東北電力ネットワーク
TEL0120-175-366
【上水道】
塩竈市水道お客さまセンター
TEL022-364-1411

【下水道】
塩竈市下水道課
TEL022-364-2193
【ガス】
塩釜ガス
TEL022-362-5191
【医療（救急告示医療機関）】
塩竈市立病院
TEL022-364-5521
坂総合病院
TEL022-365-5175
赤石病院
TEL022-362-8131

多賀城市

危機管理課
TEL022-368-1141

WEBサイト

防災情報の確認

＜多賀城市防災情報アプリ＞

　市内の地震情報や防災情報、防災無線の放送内容など「命を守る行動」につながる情報をアプリで受け取ることができる。
問／市危機管理課
　　TEL022-368-1141（内線273〜275）

◀アプリの機能を紹介するプロモーション動画

▶Google play ストア。アンドロイドスマートフォン向けダウンロード用QR

◀App Store。iPhone向けダウンロード用QR

■機能1 サイレン通知や自動音声ですぐに分かる
■機能2 防災無線の放送内容を確認できる
■機能3 危険度と取るべき行動が分かる
■機能4 防災マップを確認できる

※画面はイメージ。アプリは無料で利用できるが、通信料は利用者の負担となる

史都・多賀城　防災・減災アーカイブス 「たがじょう見聞憶（けんぶんおく）」

　多賀城市で起こった東日本大震災の記録を収集、保管し、体系的に整理したデジタルデータベース。震災の記録を未来へ伝え、今後の防災・減災に役立てることができるように、インターネットで公開している。
http://tagajo.irides.tohoku.ac.jp
問／市危機管理課
　　TEL022-368-1141（内線273〜275）

防災行政無線

　学校、公園、集会所、事業所など、市内の主要施設に屋外拡声子局を設置し、市内全域にサイレンや音声により災害情報をいち早く伝える。

＜防災情報テレフォンサービス＞
　TEL022-309-0228
　放送が聞き取れなかった場合などに利用し、放送内容などを聞くことができるサービス。詳しくは市のウェブサイトで紹介している。
問／市危機管理課
　　TEL022-368-1141（内線273〜275）

避難行動要支援者の避難行動支援

　災害時に自力で避難することが難しい要配慮者（高齢者や障害者等）を、自治会などが地区内で把握し、災害発生時における避難行動を支援する。
　対象は①75歳以上の1人暮らしの方②介護保険の要介護3以上の認定者③身体障害者で等級が1・2級の方。
　登録要件①〜③のうち、支援を希望する人の名簿（氏名、性別、生年月日、住所、登録要件、電話番号）を市が作成し、地域の支援者などに提供する。

＜提供先＞
　民生委員および名簿の提供を希望した地域の支援者（自治会長、自主防災組織）。
問／市社会福祉課
　　TEL022-368-1141（内線162、163）

要配慮者避難誘導訓練の様子

消防団出初式

耐震改修工事に関する税の特例措置

住宅の耐震改修工事を行い、下記それぞれの一定の要件を満たす場合、所得税や固定資産税の特例を受けられる。

＜耐震改修工事について＞

●対象となる住宅

多賀城市木造住宅耐震診断および多賀城市耐震改修計画など支援事業による耐震一般診断の総合評点が1.0未満の住宅で、耐震改修工事施工後の総合評点が1.0以上となる住宅。

●補助金

耐震改修工事のみ行う場合は耐震改修工事費の5分の4（最大100万円まで）。耐震改修工事およびそのほかの改修工事を実施する場合は耐震改修工事費の25分の22（最大110万円まで）。

＜所得税の控除について＞

所得税控除については下記の全ての要件を満たす家屋が対象。

・申請者の居住の用に供する住宅であること
・2023年12月31日までの間に行われた耐震改修工事であること
・1981年5月31日以前に着工された住宅であること（現行の耐震基準に適合しないもの）
・現行の耐震基準（1981年6月1日施行の建築基準法施行令）に適合する耐震改修工事を行った住宅であること

※耐震改修工事に直接関係のない壁紙の張り替えなど、リフォームに要した費用は含まれない。控除額は、耐震改修工事に要した費用の10％（最高25万円）

控除には、市が発行した住宅耐震改修証明書を添付し、確定申告をする必要がある。証明書を取得するには、所定の住宅耐震改修証明申請書に必要事項を記入し、添付書類（証明対象住宅の課税証明書または建築確認通知書の写し、証明対象住宅の位置図 配置図、改修箇所写真など）を添えて申請する。

書類審査のほか、現地確認を行う場合もあり、証明書の発行まで1週間ほどかかるケースもある。

＜固定資産税の減額について＞

固定資産税の減額を希望する場合は、耐震改修工事後3カ月以内に固定資産税係に申告を。1戸当たり120平方㍍相当分までの固定資産税額を2分の1（長期優良住宅に該当する場合は3分の2）減額する。対象は以下の通り。

・1982年1月1日以前から所在する住宅であること
・現行の耐震基準に適合する改修であること
・2024年3月31日までの間に行われた耐震改修工事であること
・耐震改修工事の金額が1戸当たり50万円を超えるものであること

詳しくは市のウェブサイトで紹介している。

問／市都市計画課
　　TEL022-368-1141（内線424～426）
　　市税務課固定資産税係
　　TEL022-368-1141（内線154～156）

消防団員募集

多賀城市の消防団は現在、八つの分団で構成され、約150人の団員が活躍している。

＜身分＞

非常勤特別職の地方公務員。

＜待遇＞

年額報酬、退職報償金、出勤手当、制服の貸与など。

＜活動内容＞

火災発生時の消火活動、地震や風水害などの大規模災害時の救助、救出、警戒巡視などに当たる。平常時には訓練、住民への啓発・広報活動、防火指導などの役割を果たす。

＜入団条件＞

市内に居住している方で、年齢が18歳以上でおおむね55歳までの心身とも健康な方。

 災害時相互応援協定の締結自治体

酒田市、天童市、男鹿市、由利本荘市、栃木県壬生町、新潟県村上市、東京都国分寺市、福岡県太宰府市、奈良市、茨城県石岡市、大分県宇佐市、宮城県市町村　ほか

主な協定内容

・職員の派遣、物資の供給
　詳しくは市のウェブサイト

 で紹介している

電話帳

多賀城市
危機管理課防災減災係
TEL022-368-1141
　（内線273～275）
防災情報テレフォンサービス
TEL022-309-0228

警察
塩釜警察署多賀城交番
TEL022-362-1934
塩釜警察署南宮交番
TEL022-368-7501
塩釜警察署大代駐在所
TEL022-363-0623
消防
多賀城消防署
TEL022-355-9704
火災テレフォンサービス
TEL0180-992-990

ライフライン
【電気（停電・緊急時用）】
東北電力ネットワーク
TEL0120-175-366
【上・下水道】
多賀城市施設整備課
TEL022-368-1141
　（内線721～723、725）
【ガス】
仙台市ガス局
お客さまセンター
TEL0800-800-8977

松島町

総務課
TEL022-354-5782

WEBサイト

 公式SNS　Facebook（@MatsushimaTown）　Twitter（@TownMatsushima）
LINE（@matsushima_line）

安全安心メールサービス

町民や観光客に向け、より迅速に行政情報などを伝達するメール配信サービス。地震、津波、避難指示・勧告、気象情報、火災、不審者などの緊急情報が主となる。配信には登録が必要。

＜登録方法＞
1. メール受信を希望する携帯電話やパソコンから登録用アドレス（05888@nopamail.jp）に空メールを送信
2. 返信メールのURLからウェブページにアクセスし、利用規約を確認後に登録
3. 登録完了後に［登録完了のご案内］のメール受信

※データ通信料は利用者負担
問／町総務課環境防災班
TEL022-354-5782

ツイッター・フェイスブック・LINEによる情報発信

安全安心メールのほかにツイッター・フェイスブック・LINEを活用した情報配信を行っている。

町公式ツイッターでは、防災行政無線の放送内容などの防災情報や防犯情報などを配信している。

町防災ツイッター：@TownMatsushima
町フェイスブック：@MatsushimaTown
町LINE：@matsushima_line
問／町総務課環境防災班
TEL022-354-5782

町公式アカウント

松島町防災ツイッター
@TownMatsushima
宮城県宮城郡松島町
town.matsushima.miyagi.jp
2010年5月からTwitterを利用しています

配信の様子

防災行政無線

防災行政無線の屋外拡声子局は町内38カ所に整備していて、戸別受信機は行政区長、副区長、行政員、消防団幹部、自主防災組織代表のほか、避難施設、防災行政無線難聴区域の世帯に配備している。

＜放送の種類＞
・緊急放送…災害（地震、津波など）、全国瞬時警報システム（Jアラート）に関する放送
・定時放送…6:00、12:00、17:00の音楽放送
・随時放送…町行政に関する情報など
問／町総務課環境防災班
TEL022-354-5782

松島町ハザードマップ

町では津波や河川氾濫による洪水、土砂災害などの危険箇所内容に加えて、復興事業により整備された避難施設、そして災害から生命・体を守るための注意事項などを掲載したハザードマップを作成している。

自宅・学校・職場などの周辺にどのような災害の危険性があるのか、また最寄りの避難施設や避難経路の確認など、家庭や地域内での防災の取り組みに活用できる。

町のウェブサイトの「松島町防災マップ」ページにあるPDFをダウンロードすると確認できる。
問／町総務課環境防災班
TEL022-354-5782

木造住宅の耐震診断・耐震補強

1981年5月31日以前に建築された住宅は、大規模地震の際に倒壊する危険があることから耐震診断による危険性の把握と耐震診断に基づいた耐震改修を促進している。

【木造住宅耐震診断助成事業】
＜対象住宅＞
1981年5月31日以前に建築された戸建て木造住宅。
・在来軸組み構法または枠組み壁構法によるもの
・平屋〜3階建て
＜診断料＞200平方㍍以下8400円
※200平方㍍を超える場合は割り増しの診断料が必要
【木造住宅耐震改修工事助成事業】
＜対象住宅＞
上記診断の結果、総合評点が1.0未満の住宅で改修工事により1.0以上に改善が図られる住宅、または町内に建て替えを行う住宅。
＜助成額＞
改修工事費の5分の4。上限は100万円。同時にリフォーム工事を行う場合は110万円。
問／町建設課管理班 TEL022-354-5715

 災害時相互応援
協定の締結自治体

にかほ市（夫婦町）、広島県廿日市市（日本三景）、京都府宮津市（日本三景）、愛知県武豊町、埼玉県滑川町、山形県中山町、東松島市
主な協定内容
・災害時における物資提供、職員派遣などの相互応援

宮城県、県内各市町村
主な協定内容
・災害時における宮城県市町村相互の物資、職員派遣などの応援

塩竈市、多賀城市、七ヶ浜町、利府町、富谷市、大和町、大郷町、大衡村
主な協定内容
・災害時における物資、人材などの相互応援

 電話帳

松島町
総務課環境防災班
TEL022-354-5782
警察
塩釜警察署
TEL022-362-4141
塩釜警察署松島交番
TEL022-354-2024

塩釜警察署品井沼駐在所
TEL022-352-2311
消防
松島消防署
TEL022-354-4226
ライフライン
【電気（停電・緊急時用）】
東北電力ネットワーク
TEL0120-175-366
【上・下水道】
松島町水道事業所
TEL022-354-5711
【医療（救急告示医療機関）】
松島病院
TEL022-354-5811

七ヶ浜町

防災対策室
TEL022-357-7437

WEBサイト

避難誘導標識などの整備

　年次計画を組み、数カ年で実施してきた避難誘導標識などの整備が2018年度で完了した。設置した標識については、沿岸部から指定避難所などまでの避難誘導標識、指定されている施設および場所への避難所・避難場所標識、避難施設の場所を確認できる案内標識、津波注意警告標識を設置した。これにより、住民や来訪者らの円滑な避難誘導が可能となった。
問／町防災対策室
　　TEL022-357-7437

津波避難場所を示す津波避難路マップ

通学路の危険ブロック塀の除却に関する補助

　2018年6月に発生した大阪府北部地震を受け、通学路に面しているブロック塀の除却など（除却後、フェンスなどの設置や改修も含む）費用の助成を行っている。

<対象条件>

・通学路などに沿って設置されている路面からの高さ1㍍以上のコンクリートブロック塀、石造り、れんが造り、そのほかの組積造による塀
・町または県が行うブロック塀の調査で危険と判断されたブロック塀

避難誘導看板

<補助金>

除却など費用（円）×補助率6分の5または除却などを行うブロック塀の総延長（㍍）×8万円×補助率6分の5
※上記のどちらか低い額。ただし補助金の上限額は37万5000円
問／町防災対策室
　　TEL022-357-7437

木造住宅耐震化に係る補助

　1981年5月31日以前に建築されている住宅の耐震化に係る補助を実施している。

【木造住宅耐震診断助成事業】

<対象住宅>

・在来軸組み工法または枠組み壁工法によるもの
・過去に本町の耐震診断助成事業による耐震診断を受けていないこと
・平屋～3階建て

<補助金額>一律14万2400円

<診断料>200平方㍍以下8400円

※200平方㍍を超える場合は割り増しの診断料が必要

【木造住宅耐震改修工事助成事業】

<対象住宅>

　過去に上記の診断を受け、総合評点が1.0未満の住宅で、改修工事を行うと1.0以上に改善が図られる住宅。

<補助金額>

　耐震化工事費により増減。上限は80万円。耐震化と同時にリフォームを行う場合は100万円。
問／町防災対策室
　　TEL022-357-7437

災害時相互応援協定の締結自治体

新潟県聖籠町、茨城県神栖市、愛知県瀬戸市・豊田市、愛媛県今治市、長崎県新上五島町、鹿児島県東串良町
主な協定内容
・物資、資機材、人材、被災者の受け入れなどの相互応援

山形県朝日町
主な協定内容
・物資、資機材、人材、被災者の一時収容のための施設の提供などの相互応援

熊本県御船町
主な協定内容
・物資、資機材、人材派遣などの相互応援

愛知県あま市
主な協定内容
・物資、資機材、人材の提供に関する相互応援

電話帳

七ヶ浜町
防災対策室
TEL022-357-7437
警察
塩釜警察署
TEL022-362-4141
塩釜警察署七ヶ浜交番
TEL022-357-2216
消防
七ヶ浜消防署
TEL022-357-4349
災害情報テレフォンサービス
TEL0180-992-990

ライフライン

【電気（停電・緊急時用）】
東北電力ネットワーク
TEL0120-175-366
【上水道】
七ヶ浜町水道事業所
上水道係
TEL022-357-7456
【下水道】
七ヶ浜町水道事業所
下水道係
TEL022-357-7457
【ガス】
塩釜ガス
TEL022-362-5191

利府町

危機対策課
TEL022-767-2174

WEBサイト

避難行動要支援者登録制度

災害が起きたときのために、対象となる町民は事前登録を。

＜避難行動要支援者とは＞

高齢や重度の障がいなどで「歩行困難」「寝たきり」「足腰が弱く移動に時間がかかる」「身近に支援してくれる人がいない」といった理由で、災害発生時に自力で避難することが困難な方。

＜避難行動要支援者登録制度とは＞

あらかじめ避難行動要支援者リストに登録し、災害発生時に迅速な避難などの支援ができるようにしておくための制度。登録した方の情報は、平時から町、消防署、社会福祉協議会、自主防災組織で共有する。

＜登録できる方＞

①75歳以上で1人暮らしの方
②介護保険で要介護3〜5の認定を受けている方
③障がい者または障がい児
④そのほか、災害時に自力で避難することが困難な方

※登録方法などは問い合わせを
問／町地域福祉課福祉総務係
　　TEL022-767-2148

太陽光発電や地下貯水槽など防災庁舎としての機能を備える利府町役場

普通救命講習会受講者

テキストを使いながら、心肺蘇生法やAED（自動体外式除細動器）の使用方法、応急手当て（止血方法）など、実技中心の講習を行う。

避難所開設・運営訓練

 災害時相互応援協定の締結自治体

静岡県清水町、北海道七飯町

主な協定内容

東日本大震災のような大規模で広範囲にわたる災害が発生した場合、隣接する自治体からの支援は望めず、また被災自治体単独での対応には限界がある。そこで同時被災のリスクを軽減し、被災地が求める職員の派遣、食料や生活必需品の提供、被災者の受け入れなど、災害対策を効果的に展開し、幅広い応援や応急復旧対策が講じられるよう、遠隔地との相互応援協定を締結した。

また、有事において本協定書が効果的に発動できるよう、平常時から幅広い分野で相互の理解と交流を深め、連携を図りながら防災対策の強化に取り組む。

 電話帳

利府町
危機対策課
TEL022-767-2174
警察
塩釜警察署
TEL022-362-4141
塩釜警察署利府交番
TEL022-356-2110
塩釜警察署菅谷駐在所
TEL022-356-2210
消防
利府消防署
TEL022-356-2251

ライフライン
【電気（停電・緊急時用）】
東北電力ネットワーク
TEL0120-175-366
【上・下水道】
利府町上下水道課
TEL022-767-2126
【ガス】
仙台市ガス局
お客さまセンター
TEL0800-800-8977
塩釜ガス
TEL022-362-5191
【医療（救急告示医療機関）】
宮城利府掖済会病院
TEL022-767-2151
仙塩利府病院
TEL022-355-4111

【対象者】 町内に居住または勤務している16歳以上の方
【講習会】 年4回開催。1回当たりの講習時間は3時間で、受講無料。日程、会場は町のウェブサイトや広報紙で告知する。
問／町危機対策課危機管理係
　　TEL022-767-2174

町行政情報配信サービス

携帯電話やパソコンの電子メール、ラインで、町からの災害・防災情報をタイムリーに受け取ることができる。そのほかにも観光、イベント情報や町からのお知らせなど、さまざまな情報が配信される。

＜登録申し込みURL＞

パソコン・スマートフォン
https://plus.sugumail.com/usr/rifu-town/home
フィーチャーフォン
https://m.sugumail.com/m/rifu-town/home
ライン
https://line.me/R/ti/p/%40603ldmhg
問／町秘書政策課秘書広報係
　　TEL022-767-2112

黒川エリア

104 ▶ 105　富谷市

106　大和町

107　大郷町

108　大衡村

富谷市

防災安全課
TEL022-358-3180

WEBサイト

公式SNS　Facebook (@tomiya.seikatu)　Twitter (@tomiyacity)

メール、ツイッター、フェイスブック

2012年12月1日から、市（当時町）が発信する防災情報や防犯情報を携帯電話などで受信できる安全安心メールの配信を始めた。地震や台風などの災害が発生した場合、また、災害が発生する恐れがある場合の避難に関する情報や、不審者情報を配信している。このメールのほか、市公式ツイッターやフェイスブックといったSNSを活用して緊急時は災害・防災情報を配信する。

<富谷市安全安心メール>

①メールアドレスの事前登録が必要
②市民や市内への通学・通勤者、そのほか富谷市の情報を知りたい人など誰でも登録できる
③登録無料。メール受信時の通信料は利用者負担
④迷惑メール防止の受信設定をしている場合、解除する必要がある
・登録方法
①右のQRを携帯端末で読み取り、件名や本文を入力せず、そのまま送信する
②数分以内に登録用URLが記載されたメールが届くので、アクセスして配信情報を選択し、入力内容を確認後「登録」ボタンを押す
③数分以内に通知メールが届けば登録完了。このメールには登録内容変更・配信解除用のURLも記載されている
※QRの読み取りができない場合は直接アドレスを入力
bousai.tomiya-city@raiden.ktaiwork.jp

防災、防犯情報を配信する「富谷市安全安心メール」

<富谷市公式ツイッター、フェイスブック>

2012年6月開設。普段は市内の出来事を情報提供しているが、災害時は公式の情報配信ツールになる。市の公式ツイッター、フェイスブックは市内で起こったことを瞬時に情報収集できるツールだ。

企業などとの災害協定締結

災害時における企業などとの連携を強化し防災減災体制を整えるため、2022年5月に1協定を締結した。
・「富谷市災害ボランティアセンターの設置・運営等に関する協定」（社会福祉法人　富谷市社会福祉協議会）

富谷市洪水・土砂災害ハザードマップ

市内全域において、浸水や土砂災害の危険が想定される区域や避難場所を示したハザードマップを作成し、2021年5月に全戸配布して

市内に設置されている防災備蓄倉庫

いる。また黒川地区4市町村で共同運用を行っている「富谷・黒川地区わがまちマップ」にも最新の情報を掲載している。

防災備蓄倉庫

市では、防災備蓄拠点1カ所のほか、小・中学校や公民館など26カ所に防災備蓄倉庫を設置し災害に備えている。

東日本大震災後に防災備蓄倉庫を7棟増やしたほか、備蓄物品を見直し、発電機や簡易トイレなどの備蓄数を増加。飲食料は防災備蓄拠点に一括管理とし、効率的な飲食料配給を計画している。

<備蓄物品>

保存水、ガス炊飯器、ポリタンク、発電機、投光機、LEDライト、救急箱、担架、タオル、カー

富谷市洪水・土砂災害ハザードマップ

▲富谷・黒川地区わがまちマップ

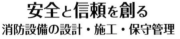

ペット、毛布、ろうそく、ショベル、ハンマー、ロープ、のこぎり、カナテコバール、メガホン、ヘルメット、ラジオ、防水シート、コードリール、バラシバール、掛けや、テント　ほか

富谷市総合防災訓練・富谷市職員防災勉強会

　市では東日本大震災および各種災害への対応を教訓に、より実践的な防災訓練となるよう、2012年より段階的に避難行動、指定避難所における運営手順の確認、地域における安否確認手段の習得などを目的に実施するとともに、自助・共助・公助の協働の役割を確認し合い取り組んでいる。

　また2020年から、本市職員の防災知識の向上を図ることを目的に職員防災勉強会をこれまでに3回開催した。2022年の同会では実働による災害対策本部開設訓練を実施。併せて関係機関等に公開し、災害時における連携要領等について確認を行った。

富谷市防災行政無線

　市では災害時における情報伝達機能の強化を目的に、防災行政無線を整備した。地震や台風などの自然災害が発生した場合は、防災行政無線を活用して市からの情報を発信する。

　市役所や公民館、小中学校、公園などの市内27カ所にスピーカーと無線機を設置。市からの災害情報や防災情報、全国瞬時警報システム（Jアラート）による緊急放送を、即時に市民へ向けて一斉放送することが可能となった。

　放送内容は避難に関する情報、火災、給水情報、そのほか緊急性の高い情報など。

＜災害時の情報発信を強化＞

　情報の発信強化.多様化を目的に、ジェイコムイースト仙台キャベツ局と「防災行政無線放送内容の再送信」の協定を締結し、2017年10月から運用開始。

　ジェイコムイースト仙台キャベツ局が提供する「防災情報サービス」に加入し専用端末を利用することにより、聞こえにくい室内においても、防災行政無線放送を明瞭に聞き取ることができる。利用にあたってはジェイコムイースト仙台キャベツ局が提供するサービスおよび防災情報サービスに加入する必要がある。

※いずれも問い合わせは
　市防災安全課
　TEL022-358-3180

富谷市公式キャラクター
ブルベリッ娘＆ブルピヨ

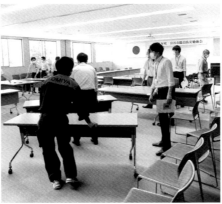

富谷市職員防災勉強会の様子

富谷市総合防災訓練の様子

災害時相互応援協定の締結自治体

愛知県長久手市
主な協定内容
・飲食料および生活必要物資の供給ならびにその供給に必要な資機材の提供
・施設の応急復旧などに必要な資機材および物資の提供
・救援などに必要な職員の派遣

電話帳

富谷市
防災安全課
TEL022-358-3180
警察
大和警察署富谷交番
TEL022-358-2029
大和警察署成田交番
TEL022-351-7060

消防
富谷消防署
TEL022-358-5474
ライフライン
【電気（停電・緊急時用）】
東北電力ネットワーク
TEL0120-175-366
【上・下水道】
富谷市上下水道課
TEL022-358-0530

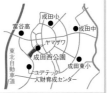

大和町

公式SNS　Facebook (@MiyagiTaiwaTown)　Twitter (@taiwatown)

メール&ツイッターなどによる情報発信

<メール配信サービス>

災害情報などを配信する登録制のメール配信サービス。
・登録方法

右のQRまたはansin-taiwa@wbi.jpに空メールを送信後、折り返しの「登録メール」に必要事項を入力し登録する（登録が完了すると「登録完了メール」が届く）。

※登録は無料だが、配信サービスの登録と解除、メール受信時の通信料は利用者負担になる

<防災行政無線テレフォンサービス>

防災無線を聞き逃した場合でも最新の放送内容を聞くことができる。
フリーアクセス番号 0800-800-4852

<公式ツイッター・フェイスブック>

町の公式ツイッターでは、防災や災害対策、イベント情報、そのほか必要と認められる情報を配信している。登録する必要はなく、いつでも配信内容を確認できる。また、同内容は町の公式フェイスブックページでも配信中 (https://www.facebook.com/MiyagiTaiwaTown/)。

<「Yahoo!防災速報」アプリを通じての緊急情報の配信>

2020年7月1日、町では災害発生時に住民に対して必要な情報を迅速に提供し、かつ行政機能の低下を軽減させるため、ヤフーと「災害時における情報発信等に関する協定」を締結した。協定を締結したことにより、ヤフーサイト上への防災情報の掲載や「Yahoo!防災速報」アプリを通じての緊急情報の配信をすることができる。

大和町に住まいのある方や観光・ビジネスなどで大和町に滞在される方は「Yahoo!防災速報」のアプリをダウンロードして通知対象地域に「大和町」を登録するか、位置情報の利用をオンにすることで、町が配信する緊急情報を受信できるようになる（アプリを起動しなくても情報が届いたことを知らせる「プッシュ通知」で配信する）。

災害発生時や台風接近時などに避難情報や注意喚起などの情報のほか、避難所の開設状況なども配信する。

町自主防災組織

自主防災組織では日常的な活動として、防災知識の普及、地域の災害危険箇所の把握、防災訓練の実施、火気使用設備器具などの点検、防災用具機材の整備などがある。

災害時においては情報の収集・伝達、出火防止・初期消火、住民の避難誘導、負傷者の救出・救護、給食・給水などの活動が挙げられる。

ほかにも、防災活動、住宅防火対策として住宅用火災警報器の普及啓発など、地域状況に応じた活動が期待されている。

町からは自主防災組織に対し、防災資機材の貸与、自主防災組織が実施する防災訓練や研修会などへの支援を行う。2019年5月に62行政区全てに自主防災組織が設立され、21年4月に自主防災連絡協議会が設立した。

防災ハザードマップ・防災ガイドブック

町では将来の地震や水害などに備え、被害が最小限となるように自助・共助・公助の考えに沿って、町民がそれぞれの立場で準備しておくことが大事という考えから「防災ハザードマップ（2020年3月）」および「防災ガイドブック（2018年3月）」を作成し、町内全戸に配布している。

また家庭や家の中での防災対策、地震や洪水に対する備えのほか、町指定避難所・避難場所一覧などの情報を紹介しており、ウェブサイトにも掲載し見方についても配信している。

避難所運営マニュアルに感染症対策を追加

災害時に避難される方の安全・安心を確保するため、避難所運営マニュアルに感染症対策を追加し、円滑な避難所運営を整備した。

耐震診断や工事などの助成

町では減災対策のために耐震診断、耐震改修工事などの助成を行っている。

木造住宅耐震診断事業では、旧耐震基準（1981年5月31日以前）で建築された木造住宅の耐震性を、耐震診断士が精密診断し、住宅の弱い部分や耐震補強の方法などを正確に知ることができる。町は14万2400円を助成する。

木造住宅耐震改修事業では、木造住宅耐震診断を受けた住宅で、耐震改修工事を実施するものについて工事費用の一部を助成。工事を行った町民は税の優遇措置（耐震改修促進税制）の適用が受けられる。

家具転倒防止対策事業では、家具の転倒防止金具を取り付け、家具転倒による被害を防ぐ。対象は満65歳以上の方、または身体障害者手帳・療育手帳・精神障害者手帳を受けている町民のみの世帯。町は金具の取り付け代行をする（対象家具5個まで）。金具代は申請者負担。

※いずれも問い合わせは町総務課危機対策室
TEL022-345-1112

災害時相互応援協定の締結自治体

塩竈市、多賀城市、富谷市、松島町、七ヶ浜町、利府町、大郷町、大衡村、静岡県湖西市

主な協定内容
・宮城「館」防災に関する相互応援協定として1995年11月14日に締結。また、2014年3月11日には静岡県湖西市と災害時相互応援協定を締結
・食料、飲料水および生活必要物資などや応急復旧などに必要な資機材の提供、ならびに復旧活動などに必要な職員の派遣　ほか

電話帳

大和町
総務課危機対策室
TEL022-345-1112
警察
大和警察署
TEL022-345-0101

消防
黒川消防本部・消防署
TEL022-345-4161

ライフライン
【電気（停電・緊急時用）】
東北電力ネットワーク
TEL0120-175-366
【上・下水道】
大和町上下水道課
TEL022-345-2850
【医療（救急告示医療機関）】
公立黒川病院
TEL022-345-3101

大郷町 ——総務課——

TEL022-359-5500

公式SNS　LINE (@osatotown)

防災行政無線

　災害発生時などに、町民へ迅速かつ的確に情報を伝えるため導入、運用している。戸別受信機や屋外拡声子局での定時・随時放送（行事や一般行政情報など）や、時報（音楽で時刻を知らせる）、緊急放送（地震、風水害、火災そのほかの緊急事態が発生、または発生が予測される場合）が主な放送内容。定時放送は6:45と18:45の1日2回、時報は6:00、12:00、18:00の1日3回。

　戸別受信機は「貸付契約書」を町へ提出した世帯および公共施設などが使用できる。設置申し込みは、随時、役場2階の総務課で受け付けている。その際に「戸別受信機貸付申請書」および「貸付契約書」に記名・押印が必要となるため、印鑑の持参を。

　屋外拡声子局は、たのしいおうちづくりの学校、旧粕川小学校跡地、大松沢社会教育センター、すくすくゆめの郷こども園、大郷ふるさとプラザ物産館、役場庁舎に設置している。
問／町総務課防災対策室
　　TEL022-359-5500

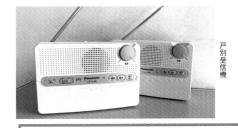

戸別受信機

水防演習の様子

消防団員募集

　消防団は、地域に密着し、地域防災の要として災害から人命と財産を守り続けてきた歴史がある。

　活動内容としては、消火活動をはじめ、予防広報、災害時の救出・救護など。地域の安全・安心を守り、安心して暮らせる生活のためには、消防団員の力が必要だ。地域の安全・安心の守り手として、消防団への入団者を募集している。

　加入要件は大郷町内に居住、または勤務する18歳以上で、志操堅固かつ身体強健な者。団員報酬として一般団員には年額3万6500円、また費用弁償として出動1回につき1500円〜が支払われる。

　興味のある人は居住地区の消防団員、または役場まで問い合わせを。
問／町総務課防災対策室
　　TEL022-359-5500

木造住宅の耐震診断費用と改修工事費用の助成

　地震に強い安全なまちづくりを目的に、県が養成した「みやぎ木造住宅耐震診断士」を派遣し、町民の木造住宅の耐震診断を支援する。さらに、町民が木造住宅の耐震化工事を実施する場合には工事費用の一部を補助し、耐震対策を支援する。

＜木造住宅耐震診断助成事業＞

【対象】
・1981年5月31日以前に着工された戸建て木造住宅
・在来軸組構法（太い柱や垂れ壁を主な耐震要素とする伝統的構法で建てられた住宅を含む）または枠組壁工法による、木造平屋建てから木造3階建てまでの住宅
・過去に町の要綱に基づく耐震一般診断、または耐震精密診断を受けていない住宅

　建物の床面積が200平方㍍以内の場合、診断費用15万800円のうち町負担額が14万2400円、自己負担額が8400円となる。床面積が200平方㍍を超える場合は割り増しになる（詳細は下記に問い合わせを）。

　申し込みの際には、専用の申込書とともに、建築時期が確認できる書類（建築確認済証の写し、または建築時期が確認できる書類など）を添付すること。受け付けは随時。
申込・問／町地域整備課
　　TEL022-359-5508

＜木造住宅耐震改修工事等助成事業＞

　対象は、町の木造住宅耐震診断助成事業を利用し、耐震一般診断を受けた方。または、木造住宅耐震改修計画等支援事業を利用し、耐震精密診断の総合評点が1.0未満の住宅で、耐震改修工事施工後の総合評点が1.0以上となる住宅。または町内で建て替え工事を実施する住宅。

　改修工事費用の一部を助成する。詳しくは問い合わせを。申し込みは、専用の申込書で。受け付けは随時。
申込・問／町地域整備課
　　TEL022-359-5508

災害時相互応援協定の締結自治体	主な協定内容	警察	消防

新みやぎ農業協同組合
主な協定内容
・食料、燃料、生活用品などの提供

山形県舟形町、北海道清水町、東京都青梅市

主な協定内容
・食料や日用品の提供
・職員の派遣
・ボランティアの斡旋（あっせん）
・避難者の受け入れ　ほか

電話帳

大郷町
総務課防災対策室
TEL022-359-5500

警察
大和警察署
TEL022-345-0101
大和警察署大郷駐在所
TEL022-359-2009
大和警察署田布施駐在所
TEL022-359-3130
大和警察署大松沢駐在所
TEL022-359-2165

消防
黒川消防署大郷出張所
TEL022-359-3150
ライフライン
【電気（停電・緊急時用）】
東北電力ネットワーク
TEL0120-175-366
【上・下水道】
大郷町地域整備課
上下水道管理係
TEL022-359-5509

大衡村

公式SNS　Twitter (@ohiravillage)

大衡村消防団による実地放水

防災行政無線

災害関連情報の取得手段の一つとして活用している。屋外拡声子局を村内20カ所、戸別受信機を全世帯に設置。音声放送と耳の不自由な方への文字放送も行っている。役場内の基地局と各子局とは相互通信ができる。

〈防災行政無線電話応答サービス〉

過去24時間分の無線放送内容を自動再生で確認できる。

【電話番号】022-345-1151

※通話料は利用者負担

問／村総務課 TEL022-345-5111

防災メール配信サービス

地震や風水害などに関する情報を配信するサービス。受信するには「@sg-p.jp」ドメインか「ohira@sg-p.jp」アドレスからのメール受信許可設定が必要だ。以下のQRコードまたはURLから登録を。

パソコン・スマートフォンの場合

【URL】http://plus.sugumail.com/usr/ohira/home

フィーチャーフォン(従来型の携帯電話)の場合

【URL】http://plus.sugumail.com/m/ohira/home

問／村総務課 TEL022-345-5111

大衡村ハザードマップ

村では浸水や土砂災害の危険が想定される区域や避難所・避難場所の位置の他、災害への備えや警戒レベルなどを紹介する冊子を作成し、全戸に配布している。また、富谷・黒川地区4市町村で共同運用しているウェブサイト「わがまちマップ」は、スマートフォンやパソコンから4市町村全域の防災マップ情報を閲覧できる。

問／村総務課 TEL022-345-5111

消防団協力事業所表示制度

2014年から導入している制度。大衡村消防団の活動に積極的に協力している事業所などに対して「消防団協力事業所表示証」を交付するもの。団員の確保と活動支援、さらには地域に貢献する事業所の信頼性の向上につながっている。

〈認定基準〉

①大衡村消防団員を2人以上雇用

②従業員の消防団活動への配慮に積極的に取り組んでいる

③災害時に事業所の資機材などを提供するといった協力をしている

問／村総務課 TEL022-345-5111

大衡村職員による避難所開設訓練の様子

大衡村消防団団長・副団長と保有車両

大衡村消防団員募集

大衡村消防団では、火災発生時の消火活動をはじめ、地震や風水害など災害発生時における人命の救助・救出活動、住民の避難誘導、被害箇所パトロール・応急復旧などに対応。平時は防火・防災の啓発活動、巡回パトロールなどを行う。

自分たちの住む地域は自分たちで守るという意識が高く、火災発生時にはいち早く駆け付け、住民の生命と財産を守っている。

村内に居住または勤務する18歳以上の方を募集している。

問／村総務課 TEL022-345-5111

災害時相互応援協定の締結自治体

岩手県金ケ崎町　ほか
主な協定内容
・食料、資器材などの提供
・緊急時の職員派遣
・被災住民の受け入れ　ほか

電話帳

大衡村
総務課
TEL022-345-5111
警察
大和警察署大衡駐在所
TEL022-345-2073
消防
黒川消防署大衡出張所
TEL022-345-0900
ライフライン
【上・下水道】
大衡村都市建設課
TEL022-341-8516

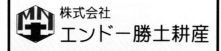

県北エリア

110▶111	大 崎 市
112	美 里 町
113	涌 谷 町
114	加 美 町
115	色 麻 町
116▶117	栗 原 市
118▶119	登 米 市

大崎市

防災安全課
TEL0229-23-5144

WEBサイト

公式SNS Facebook(https://www.facebook.com/pages/category/Community-Organization/%E5%A4%A7%E5%B4%8E%E5%B8%82-110513991074907/) Twitter(@osaki_city)

消防団の出初式

支団演習の様子

大崎市メール配信サービス

登録者にメールで防災・防犯情報を配信するサービス。

<配信情報>
次の三つの情報から、配信を希望する情報を選択できる。
①防災行政無線の放送内容
②不審者情報
③各地域の震度情報

<登録方法>
システムのアドレスに空メールを送信し、登録案内のメールが届いたら、登録ページで配信を希望する情報や地域などを登録する。
【アドレス】entry@www.bousai-osaki.jp

※2023年度にシステム更新予定。詳しくは市ウェブサイトで確認を
問/市防災安全課 TEL0229-23-5144

防災行政無線テレホンサービス

防災行政無線の放送内容を電話で確認することができるサービス。放送内容がよく聞き取れない場合や内容をもう一度確認したい時などに便利だ。
【電話番号】フリーダイヤル 0120-600054

<ボタン操作と内容>
①一つ前の放送内容に戻るとき「#1」
②現在聞いている放送内容の冒頭に戻るとき「#2」

③次の放送内容に進むとき「#3」
④最初の放送内容に戻るとき「#0」
問/市防災安全課 TEL0229-23-5144

おおさきわが街ガイド

防災マップ（浸水想定区域、土砂災害警戒区域、避難所など）、医療介護マップ、施設情報マップを確認できる。また、防災行政無線の設置箇所を地図で確認することもできる。
【サイトアドレス】
https://www2.wagmap.jp/osaki/Portal
スマートフォンサイトはこちらの二次元コード

問/市防災安全課 TEL0229-23-5144

大崎市気象観測システム

防災や発災時に活用するため、大崎市内の風向・風速、気温、湿度、雨量を観測し、リアルタイムで気象データを入手することができる。

<観測箇所>
大崎市内8カ所（道の駅おおさき、松山総合支所、三本木小学校、鹿島台小学校、岩出山地域福祉センター、鳴子総合支所、鬼首小学校、田尻総合支所）
【サイトアドレス】http://oosaki.tenki.ne.jp/
※市のウェブサイトからもアクセスできる。
問/市防災安全課 TEL0229-23-5144

大崎市気象観測システム画面

大崎市消防団（団員募集中）

消防署などの常備消防とともに、「自らの郷土は自ら守る」という精神に立ち、火災時の消火活動をはじめ、災害時の人命の救助・救出、火災予防など、さまざまな活動を行っている。現在7支団2159人の団員が活躍している。

消防団では地域を守る担い手として、大崎市に在住、通勤、通学する18歳以上の男女を募集している。2022年度新たに機能別消防団員制度を導入し、学生消防団員、再任消防団員の募集を開始した。

<仕事内容>
・災害活動：常備消防と連携しながら消火・救助などの活動をはじめ、地震、風水害の災害時には、警戒巡視、避難誘導などに従事
・防火啓発活動：防火指導や防火訓練、巡回広報などに従事

<入団後の処遇>
・地方公務員（非常勤特別職）

若い力が期待される学生消防団員

・報酬などの支給（大崎市消防団条例による）
・公務災害補償（消防活動中のけがなどの補償）
・消防活動に必要な被服の貸与
・各種表彰制度
問／市防災安全課 TEL0229-23-5144

避難行動要支援者の支援

災害に備え、避難に時間を要する人が避難しやすいように、地域と行政で支援体制を構築している。

国の指針や地域防災計画・マニュアルなどに基づいた避難行動要支援者名簿を作成し、情報提供の同意を得た人の名簿情報を支援関係者に提供し、避難支援に活用する。

ただし、災害時は、法令に基づき本人の同意にかかわらず名簿情報を支援関係者へ提供し、避難支援・安否確認に活用する。
問／市社会福祉課 TEL0229-23-6012

木造住宅の耐震改修促進事業

大崎市では市民が地震に自ら備え、安全で安心な暮らしができるように、木造住宅の耐震化（耐震診断・耐震改修工事）と危険ブロック塀などの除却について助成を行っている。各助成の受け付けは、耐震診断・耐震改修は2023年1月31日まで、危険ブロック塀などの除却については2023年2月28日まで。

1. 木造住宅の耐震診断助成事業
※2022年度の受け付けは終了
<対象>
1981年5月31日以前着工の3階建てまでの戸建て木造住宅
<自己負担額>
8400円（延べ床面積200平方㍍以下の場合）
※延べ床面積200平方㍍超の場合は70平方㍍ごとに加算（3万9800円上限）
2. 木造住宅の耐震改修工事助成事業
※2022年度の受け付けは終了
<対象>
市の木造住宅の耐震診断事業で作成した改修計画に基づき、改修工事、建て替えをする住宅
※増築または減築を伴う改修工事は補助対象外になる場合がある
※改修計画の一部のみ実施する改修工事は補助の対象外
<補助金額>
一般住宅／100万円（助成上限額）
※耐震改修工事（耐震建て替え工事含む）と併せて10万以上のリフォーム工事を行う場合、10万円（助成上限額）加算となる場合がある

水防演習の様子

3. 危険ブロック塀等除却事業
<対象>
通学路などに面し、2018年度以後に行われたブロック塀等実態調査において、総合判定が「特に問題なし」以外のブロック塀などで、道路からの高さが1㍍（擁壁上の場合は0.4㍍）以上のブロック塀など
<補助金額>
除却工事費用／除去費用の6分の5または除却部分の面積に対して1平方㍍あたり9500円

（限度額30万円）
※混用塀のフェンス部分は見付面積の2分の1、門柱は表面積の2分の1
<申し込み方法（1・3共通、2は建築指導課のみで受け付け）>
市建築指導課指導担当または各総合支所地域振興課に備え付けの申込書などに必要事項を記入して申し込む。申し込み時には事前に問い合わせを。
問／市建築指導課 TEL0229-23-8057

災害時相互応援協定の締結自治体

宮城県、県内全市町村、北海道当別町、湯沢市、尾花沢市、新庄市、酒田市、山形県遊佐町・最上町・大石田町、栃木県小山市、東京都台東区、兵庫県豊岡市、大阪府田尻町、愛媛県宇和島市、富山県黒部市
主な協定内容
・食料などの支援物資提供
・緊急時の職員派遣
・被災住民の受け入れ　ほか

電話帳

大崎市
防災安全課
TEL0229-23-5144
警察
古川警察署
TEL0229-22-2311
消防
大崎地域広域行政事務組合
消防本部
TEL0229-22-2351
ライフライン
【電気（停電・緊急時用）】
東北電力ネットワーク
TEL0120-175-366

【水道・下水道】
大崎市上下水道部
経営管理課
TEL0229-24-1112
【医療（救急告示医療機関）】
大崎市民病院
TEL0229-23-3311
古川民主病院
TEL0229-23-5521
徳永整形外科病院
TEL0229-22-1111
古川星陵病院
TEL0229-23-8181
みやぎ北部循環器科
TEL0229-21-8655
三浦病院
TEL0229-22-6656

美里町

防災管財課
TEL0229-33-2142

WEBサイト

公式SNS　Twitter (@bosai_misato_m)　LINE (@misato_miyagi)

緊急速報メール（エリアメール）

美里町では緊急地震速報、防災情報および重要な行政情報などを同報系の防災行政無線で知らせている。さらに、緊急速報メール（エリアメール）を運用し、各種情報を発信している。

緊急速報メール（エリアメール）では、町からの災害や避難に関する情報などに加えて、気象庁で配信する気象、地震などの情報を配信する。

＜配信内容＞
気象庁が配信する緊急地震速報や津波情報、美里町が配信する災害などの情報、避難に関する情報、町の緊急情報、重要なお知らせなどを携帯電話などで受信できる。

＜特徴＞
事前登録は不要。町からの情報は、町内にいれば誰でも受信できる（町内への通勤、通学者

総合防災訓練で応急救護訓練に取り組む参加者

や観光客も受信可能）。使用料、通話料など無料。NTTドコモ、ソフトバンク、auの携帯電話などの端末で利用できるが、利用可能機種について詳しくは携帯電話事業者に確認を。
問／町防災管財課 TEL0229-33-2142

消防団員・女性消防団員・ラッパ隊員募集

美里町消防団は、本部分団と地域ごとに9分団29班で構成され、随時団員を募集している。女性団員や、消火活動に加え式典などで楽器を演奏するラッパ隊員も募っている。

＜身分＞
非常勤特別公務員
＜待遇＞
退職報奨金・表彰制度あり
＜被服などの貸与＞
法被などの制服、活動服など
＜活動内容＞
火災時の消火活動、火災を起こさないための防火活動、震災や水害時の救助活動
＜入団資格＞
町内在住または町内に勤務する18歳以上で、心身ともに健康な人
問／町防災管財課
TEL0229-33-2142

水防訓練での月の輪工法訓練

総合防災訓練で粉末消火器による消火訓練

女性消防団員による講習会

災害時相互応援協定の締結自治体

東松島市、福島県会津美里町、山形県最上町、東京都足立区、兵庫県豊岡市

主な協定内容
・被災者の救出、医療および防疫ならびに施設の応急復旧などに必要な物資の提供
・食料品、飲料水その他生活必需品などの提供
・この協定に基づき実施する応援に必要な職員派遣ほか

電話帳

美里町
防災管財課
TEL0229-33-2142
防災行政無線の放送内容の確認
TEL0229-32-5915
警察
遠田警察署
TEL0229-33-2321
遠田警察署小牛田駐在所
TEL0229-33-2327

遠田警察署北浦駐在所
TEL0229-34-2210
遠田警察署中埣駐在所
TEL0229-34-1359
遠田警察署大柳駐在所
TEL0229-58-1118
遠田警察署二郷駐在所
TEL0229-58-0160
消防
遠田消防署
TEL0229-43-2351

ライフライン
【電気（停電・緊急時用）】
東北電力ネットワーク
TEL0120-175-366
【上下水道】
美里町水道事業所
TEL0229-33-2775
美里町下水道課
TEL0229-33-2193
【医療（救急告示医療機関）】
美里町立南郷病院
TEL0229-58-1234

指定避難所 駅東地域交流センター

交流センターは、地域のみなさんが気軽に集まったり、学習するために設置された施設です。

交流センターを使用するには利用許可申請書の提出が必要となります。

開館・利用時間
9:00～21:00
（日曜・祝日は9:00～17:00）
休館日
第1月曜日、年末年始
（12月29日～1月3日）

遠田郡美里町駅東
二丁目17番地4
TEL0229-31-1321
FAX0229-32-5160

多目的ホール
定員150名　面積384㎡

設備&備品
バスケ・バドミントン・バレーコート
長机　音響　プロジェクター
スクリーン　更衣室

涌 谷 町

総務課
TEL0229-43-2116

公式SNS　Facebook (@town.wakuya.miyagi)

涌谷町防災マップ

各種災害に対しての避難所などを示したマップ。町ウェブサイトからダウンロードできる。
問／町総務課防災交通班
　　　TEL0229-43-2116

防災行政無線のテレホンサービス

直前の放送内容を電話で聞くことができる。
TEL0800-800-9949
問／町総務課防災交通班
　　　TEL0229-43-2116

涌谷町すぐメール

防災行政無線の放送内容をメールで受け取ることができる。以下の二次元コードを読み込んで、登録用サイトにアクセスできる。詳細については、町のウェブサイトで確認を。

フィーチャーフォン（従来型の携帯電話）　スマートフォン

問／町総務課防災交通班
　　　TEL0229-43-2116

緊急速報メール

気象庁で配信する気象、地震などに加えて、町からの災害や避難に関する情報などを配信する。
<配信内容>
気象庁が配信する緊急地震速報や涌谷町が配信する災害などの情報、避難に関する情報、町の緊急情報、重要なお知らせを携帯電話などで受信できる。
<特徴>
事前登録は不要。町からの情報は、町内にいれば誰でも受信できる。使用料、通話料などは無料。利用可能機種について詳しくは携帯電話業者へ確認をする。
問／町総務課防災交通班
　　　TEL0229-43-2116

自主防災組織

マイタイムライン研修　　防災訓練の様子

涌谷町では「自分達の地域は自分達で守る、自分達の命は自分達で守る」を基本理念として町内全地域で40の自主防災組織を結成しており、いざというときの協力し合う体制を整えている。
問／町総務課防災交通班
　　　TEL0229-43-2116

涌谷町婦人防火交通安全クラブ連合会

有事の際、消防団などと連携し、火災予防に取り組んでいる。また、自主防災組織とも協力し発災時には地域ごとに炊き出しや安否確認の協力などの活動をしている。
問／町総務課防災交通班
　　　TEL0229-43-2116

炊き出し訓練の様子

消防団員募集

涌谷町の消防団は7分団21班で構成され、随時団員を募集している。

消防団出初め式

<身分と待遇>
非常勤特別職の地方公務員
<報酬>
退職報償金、表彰あり
<被服などの貸与>
制服や作業服などの貸与
<条件>
涌谷町在住または町内に勤務する18歳以上で心身ともに健康な人
問／町総務課防災交通班
　　　TEL0229-43-2116

木造住宅耐震診断・改修工事助成事業

涌谷町では木造住宅の耐震化を促進すべく、耐震診断に対して補助金を交付する。また、耐震性がないと判定された住宅の耐震改修工事に対して補助金を交付している。
<対象住宅>
1981年5月31日以前に着工された戸建て木造住宅で在来軸組構法または枠組壁構法による木造3階建て以下の住宅
<耐震診断>
自己負担8400円（延べ床面積200平方㍍以下の住宅）※延べ床面積が200平方㍍を超える住宅は診断料が増加
<耐震改修>
補助額上限60万円※耐震改修工事費用によって補助額は変動する
問／町建設課 TEL0229-43-2129

災害時相互応援協定の締結自治体

宮城県内全市町村、山形県大石田町、福井県福井市・小浜市、神奈川県鎌倉市、奈良市、山口県山口市・美祢市・防府市、福岡県太宰府市

主な協定内容
・食料などの支援物資提供
・緊急時の職員派遣
・被災住民の受け入れ　ほか

電話帳

涌谷町
町総務課防災交通班
TEL0229-43-2116
警察
遠田警察署
TEL0229-33-2321
遠田警察署涌谷幹部交番
TEL0229-43-3125
消防
遠田消防署
TEL0229-43-2351

ライフライン
【電気（停電・緊急時用）】
東北電力ネットワーク
TEL0120-175-366
【上・下水道】
涌谷町上下水道課
TEL0229-43-2131
【医療（救急告示医療機関）】
涌谷町国民健康保険病院
TEL0229-43-5111
東泉堂病院
TEL0229-42-3333

加美町

総務課
TEL0229-63-3111

WEBサイト

公式SNS　Facebook (@kami.miyagi)　Instagram (@miyagi_kami_official)

緊急速報メールの配信

緊急速報メールは、一斉に多数の携帯電話ユーザーへ情報を伝達するサービス。加美町では災害が発生、または発生する恐れがある場合、避難勧告など緊急を要する災害情報をより多くの人に迅速に提供するため、メールアドレスの登録を必要としない携帯電話各社の緊急速報メールを実施している。

<配信内容>
避難指示、警戒区域情報、河川洪水警報、土砂災害警戒情報など。

<注意>
緊急速報メール対応携帯電話のみのサービス。対応携帯電話でも事前に受信設定が必要な機種があるため、あらかじめ確認を。

<主な特徴>
・受信者側の事前登録は不要
・加美町内なら受信可能(町内在住者や一時的に町内にいる通学・通勤者・観光客も受信できる)
・受信は無料
問／町総務課危機管理室
　　TEL0229-63-5264

消防団員募集中

加美町には地域ごとに七つの分団があり、随時団員を募集している。

<身分>
特別職(非常勤)の地方公務員

<仕事内容>
任務は火災や水害、そのほかの災害から地域を守ること。現場に到着した消防団は、設備機械器具や資材を利用して生命、身体、財産の救護に当たり、損害を最小限度にとどめて火災や水害、そのほかの災害の防御や鎮圧に努める。
問／町総務課危機管理室
　　TEL0229-63-5264

住宅や建築物の耐震化の促進

地震による建築物の倒壊などの被害や、これを原因とする人命や財産の損失を未然に防止するため、1981年5月31日以前に建築された建築物の耐震診断や、現行基準を満たしていない建築物の耐震改修を総合的・計画的に進め、加美町における建築物の耐震化を促進する。
問／町建設課 TEL0229-63-3116

加美町防災マップ毎戸配布

災害はいつどのように起こるか予測ができず、近年は過去には考えられない自然災害が数多く発生している。常日頃から防災マップにより危険な場所や避難所などを確認し、いつ災害が起きても冷静に行動できるように、加美町では住民の方を対象に防災マップを毎戸に配布している。
問／町総務課危機管理室
　　TEL0229-63-5264

消防団の訓練の様子

災害時相互応援協定の締結自治体

宮城県、県内全市町村
千葉県市川市
山形市
国道347号「絆」交流促進協議会災害協定(山形県大石田町、尾花沢市、大崎市)

主な協定内容
・食料などの支援物資提供
・緊急時の職員派遣
・被災住民の受け入れ
ほか

　電話帳

加美町
総務課危機管理室
TEL0229-63-5264

警察
加美警察署
TEL0229-63-2311
消防
加美消防署
TEL0229-63-2003
加美消防署西部分署
TEL0229-67-2369
ライフライン
【電気(停電・緊急時用)】
東北電力ネットワーク
TEL0120-175-366

【電話】
NTT東日本
TEL0120-444-113
【上・下水道】
加美町上下水道課
TEL0229-63-3954
【医療(救急告示医療機関)】
公立加美病院
TEL0229-66-2500

色麻町

総務課
TEL0229-65-2111

WEBサイト

公式SNS　Facebook (@town.shikama.miyagi)
　　　　　　Twitter (@shikama_town)

消防団員募集

　色麻町の消防団は本部3班および4分団17班で構成されており、条例において定数210人を基本として随時団員を募集している。また、2016年4月からは女性消防班の発足により、女性団員の募集も開始した。

＜身分と待遇＞
非常勤特別職の地方公務員

＜年額報酬＞
年報酬が支給される

＜出動報酬＞
災害出動または訓練など職務に従事した場合は出動報酬が支給される

＜被服などの貸与＞
法被などの制服、活動服など

＜活動内容＞
火災時の消火活動、火災を起こさないための防火活動

＜入団資格＞
町内に居住、または勤務していて18歳以上で心身ともに健康な方
問／町総務課管財消防係
　　TEL0229-65-2111

地域を守る消防団

消防団基礎訓練

　消防団員の防火防災の意識高揚と技術向上を図ることを目的として、消防団員としての心構えや消防ポンプ類の基礎的な取扱方法などについて、座学と実習を交えた訓練を分団別に行っている。

消防団基礎訓練の様子

　また、消防団入団後3年未満の団員を対象に、緊急出動時の交通安全講習、消防団の礼式・隊列・ポンプ操作などの基礎訓練も行っている。
問／町総務課管財消防係
　　TEL0229-65-2111

婦人防火クラブ

　現在、町の防災組織として、各行政区に主婦を中心とした婦人防火クラブが25クラブ結成

され、初期消火訓練や応急救護訓練、炊き出し訓練を行いながら、防災知識の習得に努めている。
問／町総務課管財消防係
　　TEL0229-65-2111

火災から地域を守る婦人防火クラブ

防災教室

　文部科学省が定める「発達段階に応じた防災教育の目標」では、中学生は日常の備えや的確な判断に基づいて行動し、地域の防災活動や災害時の助け合いに参加できることが目標とされている。

　中学生を対象に防災・減災への意識と理解を深め、災害への備えと災害時「その時、自分たちにできること」について考える防災教室を毎年開催している。

　今後も同じような取り組みを継続しながら、若い世代を対象とした防災教育の推進を図っていく。
問／町総務課管財消防係
　　TEL0229-65-2111

中学生を対象とした防災教室

消防団協力事業所表示制度

　色麻町では、2015年10月に「消防団協力事業所表示制度」を導入した。消防団は地域の防災リーダーとして重要な役割を果たしているが、団員の数は年々減少傾向にある。また、消防団員の7割が被雇用者という状況の中、消防団の活性化のために被雇用者が入団しやすく、かつ消防団員として活動しやすい雇用環境を整備することが重要であり、企業の消防団活動への理解と協力が必要不可欠となっている。

　そのことから、事業所の消防団活動への協力を社会貢献として広く公表するとともに、事業所の協力を通じて、地域防災体制がより一層充実されることを目的として「消防団協力事業所表示制度」の取り組みを開始した。

＜消防団協力事業所の認定基準＞
事業所が次のいずれかに該当している場合
①従業員が消防団員として勤務している
②従業員の入団促進に積極的に取り組んでいる
③従業員の消防団活動への配慮に積極的に取り組んでいる
④災害時に事業所の資機材を消防団に提供するなど協力している
⑤事業所が有する災害対応に関する知識・技術の提供のため研究者・技術者を消防団員として協力している
⑥災害時に事業所の敷地を避難所として提供し、また従業員を消防団員として応急救護など防災活動に協力している
⑦そのほか消防団活動に協力することにより、地域の消防防災体制の充実強化に寄与するなど、特に優良であると認められること
問／町総務課管財消防係
　　TEL0229-65-2111

🤝 **災害時相互応援協定の締結自治体**

📞 **電話帳**

などの職員の派遣　ほか

茨城県牛久市
主な協定内容
・食料、飲料水および生活必需物資ならびにその供給に必要な資機材の提供
・被災者の救出、医療、防疫、施設の応急などに必要な資機材および物資の提供
・救援および救出活動に必要な車両などの提供
・救援および応急復旧に必要な医療職、技術職、技能職

色麻町
総務課管財消防係
TEL0229-65-2111
警察
加美警察署四釜駐在所
TEL0229-65-2676
加美警察署王城寺原駐在所
TEL0229-65-2240
加美警察署清水駐在所
TEL0229-65-2011

消防
加美消防署
TEL0229-63-2003
ライフライン
【電気（停電・緊急時用）】
東北電力ネットワーク
TEL0120-175-366
【上・下水道】
色麻町建設水道課
TEL0229-65-3252
【医療（救急告示医療機関）】
公立加美病院
TEL0229-66-2500

指定避難場所

色麻町町民体育館

利用時間／9時〜22時
色麻町四竃字杁木町132番地1

問い合わせ先
色麻町農村環境改善センター（公民館）
TEL0229-65-3110

栗原市

危機対策課
TEL0228-22-1122

公式SNS　Facebook (@kuriharacity)　Instagram (@kurihara_official)

栗原市防災行政無線電話応答サービス

2014年に開始したサービス。防災行政無線の放送内容を聞き逃した場合や聞きづらい場合に、電話で放送内容を確認することができる。

＜専用電話番号（フリーダイヤル）＞
0120-380-614

放送内容を確認できる件数は、最新の放送から20件まで。放送した時間から8時間を超えた放送内容は、自動的に削除される。
問／市危機対策課 TEL0228-22-1149

栗原市安全安心メール

安全で安心なまちづくりの一環として、災害や不審者の情報を携帯電話やパソコンに、電子メールで送信する。誰でも登録できる。

＜配信内容＞
・安全・安心情報…地震・風水害などの災害情報や火災情報、不審者などの防犯情報、暮らしの安全に関する情報
・行政情報…防災行政無線の放送内容など

＜登録方法＞
携帯電話やパソコンで、市ウェブサイト内の「安全安心メール」ページにアクセスして、メールを受信するアドレスを登録する。二次元コード（QR）を読み取ってもできる。

＜注意＞
登録は無料だが、通信に伴うパケット通信料、回線利用料は個人の負担。
問／市市政情報課 TEL0228-22-1126

防災学習センター

火災や地震などの災害を体験しながら学習できる施設。消火、煙、地震の各種体験ゾーンがあり、市民の防災に対する意識を高める。入場無料だが、事前に予約が必要。

＜利用方法＞
・時間／9:30～16:00
・休館日／月曜（月曜が祝日の場合はその翌日）、12月28日～1月4日

＜申込方法＞
事前に栗原消防署へ確認し、「防災学習セン

ター利用届出書」に必要事項を記入。
問／栗原消防署
　　TEL0228-22-8511

栗原市防災マップ

「栗原市防災マップ2022保存版」では、平時からの防災対策や避難行動に活用してもらうため、市内全域の「洪水・土砂災害ハザードマップ」や栗駒山が噴火した場合の想定される影響について示した「栗駒山火山ハザードマップ」のほか、防災情報の入手方法や家庭における備蓄品などについて掲載。

市ウェブサイトでもPDFデータで確認できるほか、携帯端末の位置情報と連動することができる「栗原市防災マップ（WEB版）」により、現在地の洪水浸水想定区域図などの情報を確認することが可能となっている。
問／市危機対策課 TEL0228-22-1149

消火器の使用方法を学べる

防災グッズを展示

自主防災組織

栗原市では252の自主防災組織が結成されている。各組織では初期消火訓練や避難訓練などを定期的に行っている。市総合防災訓練では、自主防災組織が大きな役割を担っている。
問／市危機対策課 TEL0228-22-1149

第50回宮城県消防操法大会（栗原市開催）

消防団員募集

市では消防団員を募集中。火災発生時の消火活動、地震や大雨など自然災害発生時の警戒と防火活動、また平常時には火災予防活動などを行う。

＜資格＞
市内に居住する18歳以上。性別や職業は問わない。

＜入団後の処遇＞
・身分は市の特別職（非常勤）
・出動報酬は災害や訓練などに出動した場合に支給。日額1500～8000円（出動内容で異なる）
・職務報酬は年額2万8000円から
・退職報償金は5年以上団員として在職し、退団した場合に支給。20万円から
・災害補償は消防団活動に伴う病気やけがなどに対し、医療費・休業補償費などを支給
・貸与品は法被、活動服など一式
・職務に当たって功労、功績があった場合は表彰される
問／市消防本部総務課 TEL0228-22-1191

女性消防団員の活動

消防団では、女性消防団員が市内の幼稚園や小学校、地区の行事などで防災活動についての人形劇や紙芝居による啓もう活動を行っている。

また、消防署で定期的に開催している救命講習の講師も務めている。受講者からはより参加しやすいと好評だ。
問／市消防本部総務課 TEL0228-22-1191

女性消防団員による人形劇

木造住宅耐震診断助成事業

耐震診断士を現地に派遣して住宅を診断する。
<対象建築物>
　1981年5月31日以前に着工された木造戸建て住宅で、平屋から3階建てのもの。
<自己負担額>
　住宅の延べ床面積により異なる。
[延べ床面積200平方㍍以下で、診断費用15万800円の場合]
・栗原市助成額14万2400円
・申込者の負担額8400円
<申し込みに必要なもの>
・木造住宅耐震診断助成事業申込書（市ウェブサイトからダウンロードするか、市窓口で受け取る）
・印鑑
・建築時期を確認できる書類（家屋の評価証明、建築確認通知、登記済証など）
問／市建築住宅課 TEL0228-22-1153

木造住宅耐震改修工事促進助成事業

　住宅の耐震改修工事をするときに、費用の一部を助成する。
<対象建築物>
　市が実施する耐震診断を受け、耐震改修工事が必要と診断された住宅。
<補助金>
　耐震改修工事費用の80％（補助金上限100万円）。
※併せてリフォーム工事などを行う場合、最大で10万円加算

※助成制度や補助金額が変更になる場合もあるため、詳しくは市建築住宅課に確認を
<申し込みに必要なもの>
・木造住宅耐震改修工事促進助成事業申請書
・印鑑
・耐震精密診断結果報告書または、耐震一般診断結果報告書の写し
・耐震改修計画書の写し
・耐震改修工事等見積書
問／市建築住宅課
　　TEL0228-22-1153

家具転倒防止器具取り付け

　高齢者世帯などを対象に、家具転倒防止器具の取り付け作業を行う。
<対象>
・65歳以上の人のみの世帯
・身体障害者手帳、療育手帳、精神障害者保健福祉手帳などを持っている人
（手帳を持っていない18歳以上65歳未満の同居人がいる場合は対象外）
・母子世帯
<自己負担額>
　器具代金として、家具1点につき600円程度（取り付け費用は市が負担するため無料）。
<対象家具>
　タンス、食器棚、本棚などの家具、5点まで。
<申し込みに必要なもの>
・家具転倒防止器具取付申請書・承諾書（市ウェブサイトからダウンロードするか、市窓口で受け取る）

・印鑑
・手帳交付者の場合、障害者手帳などの写し
問／市建築住宅課 TEL0228-22-1153

危険ブロック塀等除却事業

　地震によるブロック塀の倒壊被害を防止するため、道路に接するブロック塀などの除却と植栽・フェンスなど設置の工事費用の一部を助成する。
<対象ブロック塀等>
　私道を除く道路に接した、高さが1㍍以上のブロック塀。擁壁の上にある場合は、擁壁を含めて高さが1㍍以上、かつブロック塀の高さが60㌢以上のもの。
<対象事業内容>
・ブロック塀等除去事業…ブロック塀を全て取り除く工事、ブロック塀の高さを50センチ以下に減らす工事
・植栽・フェンス設置事業…ブロック塀の除去後に植栽・フェンスなどを設置する工事
<補助金額>
・ブロック塀等
…次のいずれか低い額（上限15万円）
　①工事費の3分の2の額
　②塀の見付面積×6000円
・植栽の設置
…次のいずれか低い額（上限10万円）
　①植栽設置工事費の3分の2
　②フェンス設置延長×6000円
問／市建築住宅課 TEL0228-22-1153

災害時相互応援協定の締結自治体		
東京都あきる野市、岐阜県大垣市、湯沢市 ほか **主な協定内容** ・食料などの支援物資提供 ・緊急時の職員派遣 ・被災住民の受け入れ ほか	築館警察署 TEL0228-22-1101 **消防** 栗原消防署 TEL0228-22-8511 栗原消防署東分署 TEL0228-32-2621 栗原消防署北分署 TEL0228-45-2109 栗原消防署南出張所 TEL0228-59-2119 栗原消防署西出張所 TEL0228-54-2120	【上・下水道】 栗原市上下水道部経営課 TEL0228-42-1130 栗原市上下水道部施設課 TEL0228-42-1133 【医療（救急告示医療機関）】 栗原市立若柳病院 TEL0228-32-2335 栗原市立栗原中央病院 TEL0228-21-5330 栗原市立栗駒病院 TEL0228-45-2211
電話帳 栗原市 危機対策課 TEL0228-22-1149 **警察** 若柳警察署 TEL0228-32-3111	**ライフライン** 【電気（停電・緊急時用）】 東北電力ネットワーク TEL0120-175-366	

登米市

公式SNS　Facebook (@city.tome.miyagi)

登米市メール配信サービス

市では2006年4月から災害や不審者情報などの緊急情報を、パソコンや携帯電話に電子メールで知らせる各種情報のメールサービスを行っている。

メール配信サービスの情報内容
①防災情報…火災、その他市民の安全に関わる緊急情報、道路規制（全面通行止め）
②防犯情報…不審者、犯罪発生、その他防犯に必要な情報
③市からのお知らせ…市内の主なイベント、その他市からのお知らせ
メール配信サービスの登録

＜登録方法＞

パソコンや携帯電話でhttps://mail.cous.jp/tomecity/（公開サイト）にアクセスして「メール配信申し込み」を選び、表示されたページでメールサービスを受信するアドレスを登録する。

詳細は市ウェブサイトで確認を。

＜登録の手順＞

仮登録（仮登録用アドレスに空メールを送信:利用者）⇒仮登録受付通知（本登録用URLを通知:市から）⇒本登録（本登録用URLにアクセス:利用者）⇒各種サービス画面から希望する項目を選択して確認ボタンを押す⇒本登録完了通知（市から）

＜簡単アクセスQR＞

市のウェブサイト内のQR（二次元コード）を携帯電話のカメラ（コードリーダー）で読み取ると、簡単にアクセスできる。QRに対応していない機種もあるのでその場合はURLを入力する。

公開サイト用

仮登録申し込み用

＜メール配信サービスの情報料＞

無料だが、登録やメール着信時のパケット通信料や回線利用料は、本人の負担となる。
問／市まちづくり推進課
　　TEL0220-22-2147

登米市公式ＬＩＮＥ

市ではメール配信サービスの他に、2021年9月から新たな情報発信ツールとして「登米市公式ＬＩＮＥ」を防災情報などの発信源として活用している。

ユーザー名：登米市
ＩＤ：@tomecity
情報内容や登録方法などの詳細については市ウェブサイトで確認を。
問／市まちづくり推進課
　　TEL0220-22-2147

登米市公式ＬＩＮＥ
友達登録用QR

緊急速報メール

災害が発生した場合や発生する恐れがある場合に、市内にいる人に情報を広く周知するため、NTTドコモ、au、ソフトバンクなどの携帯電話会社を通じて、緊急地震速報などで活用されている緊急速報メールを配信する。市民だけでなく、市内への通勤・通学者、観光客など市エリアにいる人にも情報を提供する。受信希望の有無を問わず一斉受信。

＜配信内容＞

避難指示などの避難情報、河川洪水警報など緊急性の高い防災情報。

＜注意＞

事前登録は不要だが、受信できない機種や受信設定が必要な場合があるため詳しくは各携帯電話事業者へ確認を。
問／市防災危機対策室 TEL0220-23-7393

緊急告知ラジオ

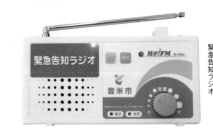
緊急告知ラジオ

登米コミュニティエフエム「はっとエフエム」の電波を活用し、避難情報や国民保護情報、災害注意喚起などを放送する。情報を放送する際は、自動的に電源が入りラジオが起動し、放送が流れる。また停電時にはライトとしても活用できる。

市内に住民登録がある世帯、法人登録がある事業所、公共施設などに1台ずつ無償で貸与している。
問／市防災危機対策室 TEL0220-23-7393

総合水防演習における登米市消防団の活動

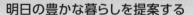

〔表1〕

延べ床面積	診断費用総額	費用総額のうち市負担額	費用総額のうち個人負担額
200平方㍍以下のもの	15万 800円	14万2400円	8400円
200平方㍍を超え270平方㍍以下のもの	16万1300円	14万2400円	1万8900円
270平方㍍を超え340平方㍍以下のもの	17万1700円	14万2400円	2万9300円
340平方㍍を超えるもの	18万2200円	14万2400円	3万9800円

消防団員募集中

　市の消防団では、随時団員を募集中。市内に在住または通勤している18歳以上の方。学生、女性の入団も可。
問／市消防本部警防課 TEL0220-22-1901

地震対策事業

　市では大規模地震への備えとして、住宅などの地震に対する安全性の確保・向上を図るための地震対策事業を行っている。

木造住宅耐震診断助成事業

　耐震診断は、耐震診断士を現地に派遣して住宅を診断する。
＜対象住宅＞
1981年5月31日以前に着工された木造戸建て住宅で、平屋から3階建てのものまで
＜申込期間＞
詳細については問い合わせを
＜診断助成負担額＞
住宅の延べ床面積により異なる〔表1参照〕

木造住宅耐震改修工事助成事業

　耐震改修は、耐震改修工事を行う場合（建て替えも含む）に費用の一部を助成する。
＜対象住宅＞
耐震診断（簡易診断を除く）を受け、耐震改修工事が必要と診断された住宅
＜助成金額＞
耐震改修費用の25分の17を助成する（上限85万円）※加算制度が設けられており、同時に10万円以上のリフォーム工事を行う場合に最大25万円が加算される
＜申込期間＞
詳細については問い合わせを

地域集会施設（地域避難所）耐震診断助成事業

　地域集会施設の耐震診断費用の一部を助成する。

＜対象施設＞
1981年5月31日以前に着工された木造の地域集会施設で、平屋から3階建てのものまで
＜申込期間＞
詳細については問い合わせを
＜診断助成金額＞
耐震診断費用の3分の2を助成する（上限16万5600円）

地域集会施設（地域避難所）耐震改修工事助成事業

　耐震改修は、耐震改修工事を行う場合（建て替えも含む）に費用の一部を助成する。
＜対象施設＞
耐震診断（簡易診断を除く）を受け、耐震改修工事が必要と診断された地域集会施設（地域避難所）
＜助成金額＞
耐震改修費用の3分の2を助成する（上限66万6000円）
＜申込期間＞
詳細については問い合わせを

危険ブロック塀等除却事業

　公衆用道路に面した危険ブロック塀を除却する場合に、費用の一部を助成する。
＜除却対象＞
次の条件に該当するもの

①公衆用道路沿いに設置され道路からの高さ1㍍（擁壁上の場合は0.6㍍）以上のもの
②宮城県が2002年度以降実施したブロック塀等実態調査または、登米市が今後行う実態調査の総合評価がD、E判定のもの
＜設置対象＞
除却跡地に設置するブロック塀以外の軽量の塀など（生け垣、フェンス、板塀など）
＜補助金額＞
除却は4000円／平方㍍（上限15万円）、設置は4000円／㍍（上限10万円）
＜申込期間＞
詳細については問い合わせを
問／市住宅都市整備課 TEL0220-34-2316

登米市雨量監視システム

　市は台風や集中豪雨などによる災害対策の一つとして、東和、登米および津山町域の雨量観測を強化するために6基（嵯峨立、鱒淵、羽沢、深畑、石貝、野尻）の雨量計を設置。
　これらの情報は「登米市雨量監視システム」（http://www.tenki.ne.jp/tome/）で公開している。このシステムでは10分間の雨量、1時間の雨量、降り始めからの積算雨量などが確認できる。
問／市防災危機対策室 TEL0220-23-7393

 災害時相互応援協定の締結自治体

青森市、由利本荘市、喜多方市、秋田県大潟村、茨城県潮来市、群馬県草津町、埼玉県戸田市、千葉県香取市、東京都東村山市、新潟県阿賀町、富山県南砺市、福井県美浜町、山梨県富士河口湖町、長野県下諏訪町、岐阜県海津市・川辺町、静岡県御殿場市・湖西市、愛知県高浜市・愛西市・東郷町、三重県大台町、兵庫県豊岡市・加古川市、岡山県瀬戸内市・高松市、福岡県遠賀町、熊本県菊池市・合志市、大分県日田市、鹿児島県鹿屋市・薩摩川内市・奄美市、沖縄県名護市・宮古島市　ほか

主な協定内容
・応急措置などに必要な情報収集と提供
・食料、飲料水および生活必需物資とその供給に必要な資機材の提供
・被災者の救出、医療、防疫および施設の応急措置などに必要な資機材、物資の提供
・災害応急活動に必要な職員などの派遣　ほか

 電話帳

防災
防災危機対策室
TEL0220-23-7393
警察
佐沼警察署
TEL0220-22-2121
登米警察署
TEL0220-52-2121

消防
登米市消防本部
TEL0220-22-0119
ライフライン
【電気（停電・緊急時用）】
東北電力ネットワーク
TEL0120-175-366
【水道・下水道】
登米市上下水道部
TEL0220-52-3311
【医療（救急告示医療機関）】
登米市立登米市民病院
TEL0220-22-5511
登米市立米谷病院
TEL0220-42-2007
登米市立豊里病院
TEL0225-76-2023
【災害・休日当番医情報】
消防情報テレホンサービス
TEL0180-992-099

みやぎ防災ガイド

2023

2022年10月31日発行　定価 770円（本体700円＋税10%）

宮城県、各市町村、関係各団体など、
多くの皆さまにご協力いただきました。
深く感謝申し上げます。

■発　　　行　河北新報出版センター
　　　　　　　宮城県仙台市青葉区五橋1-2-28
　　　　　　　tel.022-214-3811
　　　　　　　fax.022-227-7666
■企画構成　株式会社GAC
　　　　　　　株式会社アドコーポレーション
　　　　　　　tel.022-266-3031
　　　　　　　fax.022-266-2806
■編集制作　株式会社クリエイティヴエーシー
　　　　　　　tel.022-721-6051

■SALES&PROMOTION
　加藤健一　大平康弘　鈴木美由喜　東海林峻
　菊地貴史　高橋正考　中嶋芽衣
　和泉英夫　高橋哲　高谷吉泰
　浅野広美　渥美琳　梅津美樹　梶田美佐子
　木村一豊　小島由子　佐藤春哉　菅原佳子
■EDITOR
　平井頼義　宇都宮梨絵　菊地史恵　佐々木映子
　佐藤友希　熱海萌子　田中奈美江　及川真紀子
■DESIGNER
　阿部伸洋　佐藤綾音　菅澤まりこ
　仙石結　森田真礼　渡辺洋